“暨南大学经济管理实验中心实验教材”

丛书编委会

经济管理国家实验教学示范中心
经济管理省级实验教学示范中心 共同资助

暨南大学经济管理实验中心实验教材

网络营销实验教程

Internet Marketing: Tools and Practice

胡矗明　叶生洪　范　纯　主编

北京大学出版社 PEKING UNIVERSITY PRESS
中国·北京

暨南大學出版社 JINAN UNIVERSITY PRESS
中国·广州

图书在版编目（CIP）数据

网络营销实验教程/胡矗明，叶生洪，范纯主编．—广州：暨南大学出版社，2015.3
（暨南大学经济管理实验中心实验教材）
ISBN 978－7－5668－1348－0

Ⅰ.①网…　Ⅱ.①胡…②叶…③范…　Ⅲ.①网络营销—教材　Ⅳ.①F713.36

中国版本图书馆CIP数据核字（2015）第036380号

出版发行：暨南大学出版社

地　址：中国广州暨南大学
电　话：总编室（8620）85221601
营销部（8620）85225284　85228291　85228292（邮购）
传　真：（8620）85221583（办公室）　85223774（营销部）
邮　编：510630
网　址：http：//www.jnupress.com　http：//press.jnu.edu.cn

排　版：广州联图广告有限公司
印　刷：广东信源彩色印务有限公司

开　本：787mm×1092mm　1/16
印　张：10
字　数：198千
版　次：2015年3月第1版
印　次：2015年3月第1次

定　价：24.00元

总 序

百年沧桑，弦歌不辍；巍巍暨南，展焕新颜。暨南大学自1906年创办以来，始终秉承“宏教泽而系侨情”的办学宗旨，注重以中华民族优秀的传统道德文化培养造就人才。“始有暨南，便有商科”，最初设立的商科便因兼具理论与实用的“暨南特色”而享誉海内外。经过一百多年的发展，商科已分化出经济管理学科中的许多门类，各门类分工明确而细化，又交叉融合，近年来屡屡在学科发展上有突破和创新，尤为可喜的是暨南大学经济管理实验教学中心于2012年荣获国家级实验教学示范中心项目。这是我校继2008年获批媒体实验教学中心之后，再次获得国家级实验教学示范中心项目，是教育部“质量工程”重要建设项目之一，也是质量工程中含金量较高、获批难度较大的一个项目。这些项目是高等学校实验教学研究和改革的基地，引领着全国高等学校实验教学改革的方向。

暨南大学经济管理实验教学示范中心（以下简称“中心”）依托产业经济学和金融学2个国家级重点学科，3个一级学科博士学位点，拥有一支以珠江学者、教学名师和知名专家带头人组成的优秀教学团队，其中“会计学教学团队”被评为国家级教学团队。中心包括金融模拟、会计模拟、ERP实验、电子商务模拟、行为分析、经济统计与分析、财税管理与分析、酒店管理等18个实验室。中心师资力量雄厚，副高级以上教师占总人数的75%，承担全校22个本科专业以及研究生、博士生相关课程的实验、实训、实习等教学任务。

中心继承和发扬暨南大学经济管理教育重视实际操作、强化能力培养的优良传统，紧贴经管发展的现实需求，全面开展“虚拟仿真实验+校企合作实践”模式的实践教学形式改革，注重能力培养与社会需求相结合的教学内容改革。实验是教学不可或缺的一个重要组成部分，作为理论教学的基础和延伸，中心始终坚持“强化基础、重视实践、个性培养与创新能力紧密结合”的实验教学理念，逐步构建理论教学、实验教学、课外实践等多维互动、整体提升的创新实验教学体系，以培养未来华商领袖为己任，着力培养具有创新能力的复合型经管专业人才，为建设成为“具有浓厚华人华侨特色，享誉海内外的‘高端、优质、创新’复合型经济管理人才培养基地”而努力。在中心全体教职工的共同努力下，中心工作取得了显著成效，比如，开设的“财务学原理”、“基础会计学”被评为国家级精品课程，工商管理类和经济学类专业被评为国家级特色专业，中心申报的教学成果项目于2010年获广东省教学成果奖一等奖等。

随着经济和科学技术的进步，尤其是计算机技术的飞速发展，数据、模型与实验对于当代科学乃至整个社会的影响和推动作用日益显著。“暨南大学经济管理实验中心实验教材”作为国家和广东省教学示范中心的资助教材，根据经济管理类专业、学科特点，实验教材中的数据、模型和例子全部选自经济、管理等方面的内容，形成了一个能反映经济管理类院校特色的“经济管理实验”系列教材。这一特色的形成，不仅对国内经济管理实验是一个突破与创新，而且对培养经济管理类院校的应用型、创新型、复合型人才，有着积极意义。

本系列教材在总结过去教材建设经验的基础上，结合应用型本科教育的特点，借鉴国内外的经验做法，在经济管理各专业的课程体系、课程内容，教学方法、教材编写等方面进行进一步探索和创新。

本系列教材具有五个方面的特点：第一，创新性。从培养学生的兴趣入手，以掌握方法论和创造性思维为主线，以知识、概念和理论为基石，进行总体设计，思路新颖，写作体例风格独特。第二，前瞻性。搜集了最新的数据资料和理论研究成果，使教材内容着力体现超前性、前沿性、动态性。第三，实践性。体现了实验型本科教学的专业特点，以提高学生竞争力、综合素质和社会适应能力为最终目标。第四，系统性。基础知识、学科理论和课程体系融为一体，注重基础理论与实际应用的结合。第五，可读性。突出“以学生为中心”的思想，强调学以致用，所用语言浅显易懂，并附有一定的案例分析。

“暨南大学经济管理实验中心实验教材”的建设，改变了传统课程那种仅仅依赖“一支笔，一张纸”，由教师单向传输知识的模式。它提高了学生在教学过程中的参与程度，学生的主观能动性在实验中能得到相当充分的发挥。好的实验会引起学生学习科学知识和方法的强烈兴趣，并激发他们自己去解决相关实际问题的欲望，有助于促进学生独立思考和创新意识的培养。

教材建设是课程体系和教学内容改革的核心，是进一步加强学生教学工作，深化教学改革，提高学生教育教学质量的重要措施。暨南大学经济管理实验教学中心精心组织教材编写，通过专家组评审，分批立项，每批近十种，覆盖金融模拟、会计模拟、ERP实验、电子商务模拟、行为分析、经济统计与分析、财税管理与分析、酒店管理等实验课程。这些教材符合教育改革发展趋势，反映了经济管理学科建设的新理论、新技术、新方法、新实践，在国内同类教材中较为先进。我们期望通过几年的努力，打造出一系列特色鲜明的经济管理实验教材。

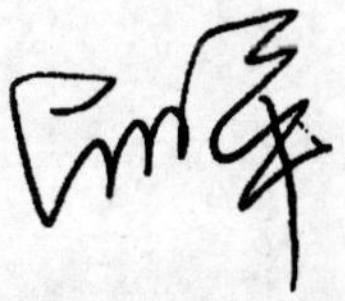

暨南大学校长、教授、博士生导师

国家重点学科产业经济学带头人

2014 年 6 月

前 言

这些年我在从事“网络营销”课程教学中一直有一个想法，希望在进行理论教学的同时，也能组织学生进行一些实验，以免我们的学生在学了一学期的“网络营销”课程之后，对微博、搜索引擎等营销工具的使用还不熟练，还不如高职和中职的学生。我也一直在关注市场上与网络营销实验相关的教学软件和教材，但一直都没有找到合适的。

2012年，我们编写的《21世纪的网络营销——理论与方法》面世后，我就在着手组织力量编一本相应的实验教程。

教程是很快就编写出来了，但互联网应用发展得更快。这两年微信出现并且不断更新版本，每一个新版本都给我们带来一些惊喜，令我们觉得不把这些新功能编进教程就会有很大的缺陷！所以教程一直在修改，延宕至今。我们认为，在推出公众号、购物功能之后，微信的功能框架已经基本定型，此时推出我们的教程是一个适当的时机。

很多人认为网络营销的主要工具，大家天天都在用，已经很熟练了，不需要特别的实验练习。确实，这些工具的基本功能大家都会使用，但从营销角度、结合原理的使用，可能一般用户都没有认真考虑过。例如，搜索结果排序的影响因素、微信公众号的价值等，很多人是未必真正掌握的。因此，本书主要有以下几个特点：

第一，理论结合实际：本着“知其然，亦知其所以然”的精神，每一个实验都先介绍相关理论，然后精心设计实验过程，让学生在实验过程中能够很好地验证各种营销工具的相关理论，达到熟练掌握工具的目标。

第二，凝聚网络营销的最新发展成果：微博出现的时候，网络上有很多研究文章，认为微博将是一个很好的营销平台，但直到今天，微博的营销效果仍不够理想。而微信出现后，研究人员甚至还来不及对它的营销价值进行深入的探讨，腾讯就已经把它打造成了一个移动营销的平台。在本教程中，微信的应用，特别是营销功能的实习占了较大的篇幅。其实，微信的功能还在发展中，相信腾讯一定会把更多的商业应用集成在微信这个平台上。限于篇幅，我们也没有把很多潜在的具有营销价值的功能编入本教程。但现有的应用已经为企业开辟了电子商务的新时代，那些没有赶上阿里、京东时代的企业，可以在这个以微信为代表的第二代的电子商务时代充分发挥想象力，再造辉煌！

第三，网络营销工具书：本书系统性地把各种网络营销工具汇集在一起，方便从业人员、研究人员随时查阅。

本书在编著过程中引用及参考了大量互联网上的文献和图片，在此表示感谢！

编　者

2014年12月

目 录

1 网上市场调研

1.1 实验目的

市场调研是营销的重要环节，没有市场调研，就无法开展市场细分、目标市场定位等后续营销活动的策划。信息传播媒介的加入，使得市场调研方式发生了新的变革。利用网络资源发掘和了解客户需要、市场机会、行业潮流等的网络市场调研方式应运而生。网络市场调研方式所具有的及时性、便捷性、经济性以及跨空性的优点是传统方式所无法比拟的。本实验的目的是掌握网络市场调研的基本流程，并掌握问题分析以及调研报告撰写的基本方法。

1.2 实验要求

（1）掌握网络市场调研的内容、方法以及工作步骤；

（2）掌握网上间接调研的方法，利用互联网获取相关资料；

（3）掌握在线调查问卷的设计方法，分析在线调查遇到的主要问题；

（4）收集调查问卷的调查结果，形成一篇调查报告。

1.3 实验理论基础

1.3.1 网络市场调研的内涵

网络市场调研（Internet Survey，简称 IS）是指企业利用互联网资源作为交流互动的平台，对消费者、竞争对手以及整体市场环境进行调查设计，并对相关营销信息进行收集、整理、分析和研究，形成调研结论的过程。网络市场调研对于企业了解市场的消费者特征、购买力和习惯，寻找正确的目标市场定位，制定完备的网络营销战略，促成企业未来的经营决策等有重要的意义。

由于互联网的开放性、广泛性和直接性等特征，网络市场调研和传统市场调研相比具有一些独特的优势，主要表现在调研费用、调研范围、运作速度、调研时效性、受访者便利性、调研结果真实性、适用性等七个方面，如表 1－1 所示。

表 1－1　网络市场调研与传统市场调研的比较

比较项目	网络市场调研	传统市场调研
调研费用	主要是平台租用费、设计费以及处理费，相对低廉	前期包括问卷印刷费、发放费、回收费；中期包括访问员培训费、录入调研结果费；后期包括专业分析费等多方面费用
调研范围	互联网能够覆盖的范围广，样本量庞大	根据成本估测，筛选参选样本区域，数量有限
运作速度	系统自动达成，统一收集、统一分析	发放、回收、录入、分析均需要人工完成，耗时至少 2～6 个月
调研时效性	网络在线时间均可	不同被访问者能够接受访问的时间不同
受访者便利性	可自由决定时间、地点	访问受到空间和时间的限制
调研结果真实性	多数出于自愿达成，相对真实可信	受到访问者的工作态度限制，需要相应的审核
适用性	适合长期大样本调研	适合主观性较强，需要面对面完成、样本范围较局限的调研

1.3.2　网络市场调研的流程

网络市场调研流程如图 1－1 所示。

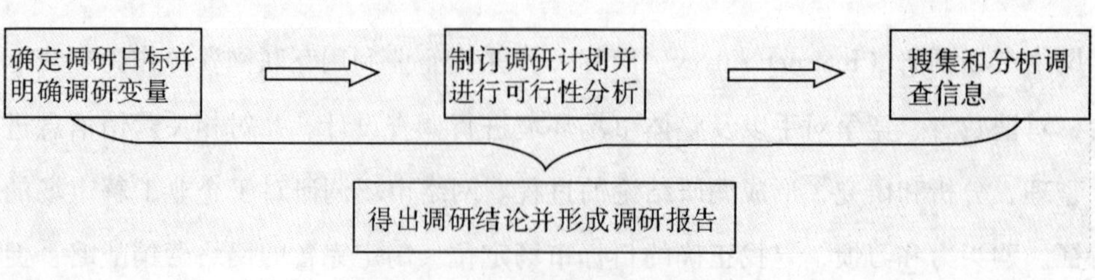

图 1－1　网络市场调研流程图

网络市场调研的目标一般集中于市场需求情况、消费者购买行为、竞争对手、营销因素以及宏观环境等方面。在调研计划的设定中应遵循适度、适量、无导向性等原则。值得注意的是，需把握市场调研基于自愿参与的原则，调研过程不应对受访者产生直接或间接的伤害。当调查的问题十分敏感或者涉及个人隐私时，可以采用匿名调查的方法。

1.3.3　网络市场调研的方法

根据收集的数据不同，网络市场调研可以分为直接调研和间接调研。直接调研是利用网络进行的一手资料的调研；而间接调研是利用互联网的媒体功能，收集二手资料运用于既定的调研目标的分析。

1. 网络直接调研

根据调查方法的不同，网络直接调研可以分为专题讨论法、问卷调研法、实验法和观察法等。其中，专题讨论法和问卷调研法是常用的方法。

（1）专题讨论法。在确定调研目标市场的基础上，拟定可以讨论或准备讨论的具体话题，登录相应的讨论组，通过过滤系统搜寻有用信息；或创建新话题，引起大家的讨论，从而获得有用的信息。通常是通过 Usernet 新闻组、电子公告牌或邮件列表讨论组完成，其中还涉及是通过分层话题选择还是名录来完成调研。

（2）问卷调研法。通过将调查问卷放在网上，由被访问者主动答题来完成网络问卷调研。主要可以通过两个途径来达成：一是在网站上设置调查问卷链接图标，浏览者点击图标即可进入网上问卷，然后主动填写并提交问卷；另一种是通过 E-mail 将问卷发给指定的受访者，调查者完成后将结果通过 E-mail 回复。

问卷调研法相对客观、直接，但不能对某些问题进行深入调研和分析原因。通过站点的方式直接进行调研，被访问者一般都是自愿填写，但是无法核对被访问者的真实情况，而且问卷达到一定的数量以后，站点还必须进行适当的宣传。通过 E-mail 方式，可以有选择地控制被访问者，但是容易引起被访问者的反感。所以专题讨论法作为一种补充形式加入，许多企业设立了新闻组、BBS、留言板等让被访问者对企业产品或服务发表意见，或参与某些专题新闻组讨论，企业由此能够更深入地获得调研资料。

2. 网络间接调研

企业利用互联网收集行业以及宏观信息时，多用网络间接调研方法。间接信息来源于企业内部和企业外部的综合信息。其所获得的信息范围广泛，适合进行战略规划。网络间接信息的来源集中于国内外政府机构网站、图书馆、国际组织、银行、第三方机构以及企业。

根据具体来源，网上间接信息可以分为以下几类：

（1）利用搜索引擎收集的资料。通过网页形式进行自然搜索，为用户提供与关键词相匹配的信息。

（2）利用 E-mail 收集的资料。通过既定的程序设定，给存量客户和潜在客户发送相应的 E-mail，发布公司的最新动态和相关产品信息，并得到反馈。这种资料收集方法常见于传统的媒体以及 ICP（网络内容服务商）中。

（3）利用虚拟社区收集的资料。通过设立 BBS、新闻组、聊天室收集资料，通过区分目录把具有相同爱好或相同购买意愿的客户集中起来，定期收集信息。

（4）利用统计源网站和数据库收集的资料。针对专题，进入具有参照意义的统计源网站和数据库查找相关的信息。

由于两类调研方法各有利弊，所以在实际运用中应考虑采用互补的方式，综合使用几种方法，使得调研结果更贴近现实。

1.4 实验内容

网络市场调研是系统的方法体系，既包括直接调研方法，又包括间接调研方法。两种方法相辅相成，间接调研为直接调研提供有利的背景资料补充，而直接调研能把网上调研的优势发挥至极致。在各种网络直接调研方法中，问卷调研法结构系统、灵活性高、针对性强，易于获得市场分析的相关资料，因此问卷调研法被普遍使用。

1. 网上调查问卷的编辑和发布

目前，国内典型的免费在线问卷调研平台包括：问卷网（http://www.wenjuan.com/）、51 调查网（http://www.51diaocha.com/）等。

以 51 调查网为例，调查问卷的编辑和发布方式如图 1-2 所示。

第一步，注册账户。

图 1-2　51 调查网注册界面及信息填写

第二步，登入账户，并设计新问卷。按照步骤依次录入“标题”、“前言”、“内容”以及“结束语”，结束问卷，最后点击“提交”，完成问卷。

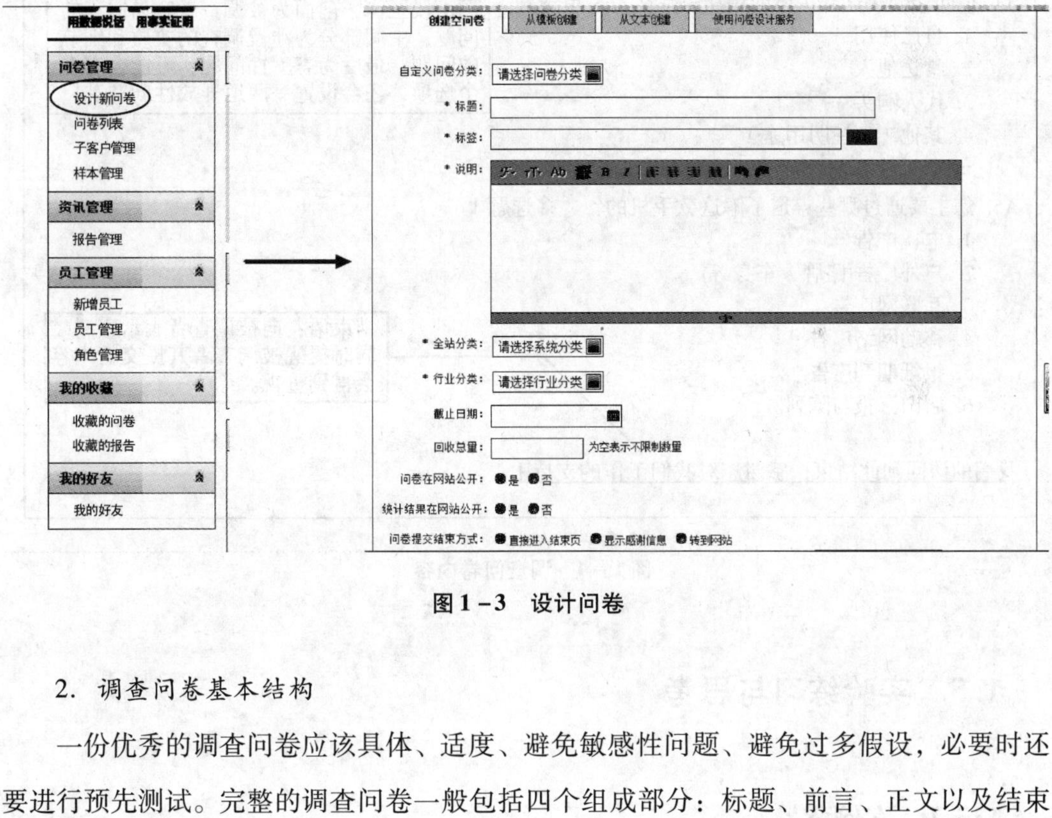

图 1-3　设计问卷

2. 调查问卷基本结构

一份优秀的调查问卷应该具体、适度、避免敏感性问题、避免过多假设，必要时还要进行预先测试。完整的调查问卷一般包括四个组成部分：标题、前言、正文以及结束语。如图 1-4 所示。

手机市场调查问卷

> 标题：一般由调查对象、调查内容和“调查问卷”构成。

先生/女士：

您好！感谢您在百忙之中抽出时间填写问卷。本次手机市场问卷调查主要是为了了解手机品牌、型号、价格及购买需求等方面的问题。请按照题目的规格作答，并在所选项序号上打“√”。

> 前言：一般由调查的目的、意义及填表的要求组成。

G1. 您的性别：__________ G2. 您的受教育程度是：__________

G3. 您本人的平均月收入：__________

S1. 请问您是否一年换一次手机？［单选题］
1. 是
2. 否

S2. 请问您最近购买的是新手机还是二手手机？［单选题］
1. 新手机
2. 二手手机

S3. 请问您购买这部手机的用途是什么？［单选题］
1. 自己使用
2. 赠送他人
3. 代人购买
4. 其他（请注明用途）

……

> 正文：为收集市场调查资料而准备的相关问题，由问题和选项构成。一般来说，问题由浅至深，前面为被调查者容易回答的问题；中间部分为涉及调查的实质和细节的问题；最后为态度性问题，可能会有多个选项，还会设置一两道开放性问题。

A5. 您主要通过哪些渠道了解这款手机的？［多选题］
1. 电视广告
2. 户外广告(路牌、车身等)
3. 互联网广告
4. 移动网络广告
5. 报纸期刊广告
6. 店内海报与陈列

> 结束语：向被调查者表示感谢，同时提醒被调查者其提交的内容会得到重视。

我们的访问到此结束，感谢您对我们工作的支持.!

图 1－4 调查问卷内容

1.5 实验练习与思考

1.5.1 案例背景

某出版社一直从事图书、音像类材料的出版，通过对自身的消费者结构进行分析，得出的结论是青少年消费者的比例大大低于中年及老年消费者的比例。为了进一步解释这种销售困境，拟通过调查问卷的形式对青少年消费者对于图书、音像资料的偏好进行分析。

1.5.2　实验练习要求

在该案例背景下，结合网络直接调研和间接调研的方法进行市场调研。选择一到两种网络间接调研方法，收集与该主题相关的主要信息，并对所收集到的信息以及遇到的主要问题进行整理和分析。围绕该调研主题，考虑调研目标，设计一份在线调查问卷，对该调查问卷进行可行性分析。撰写一份简要的调研报告，完成整个实验报告。

2 网络营销中的市场分析

2.1 实验目的

网络营销中的市场分析，是企业进行网络营销过程中的关键环节。其主要解决企业在网络市场中满足谁的需求、为谁提供产品和服务的问题。对于企业而言，只有解决了为谁提供产品和服务这一问题，才能有效地制订网络营销战略计划。本实验的目的是理解网络市场细分、网络目标市场选择以及市场定位的基本含义、标准以及方法，并通过案例分析让学生对于市场分析形成感性认识。

2.2 实验要求

（1）理解市场细分、目标市场选择以及市场定位的基本要素；

（2）掌握市场细分的划分标准，并能根据产品和服务的基本概况作出选择；

（3）掌握市场定位的策略选择方法，确定采取何种产品策略和营销策略。

2.3 实验理论基础

网络市场的市场分析包含了三个层面的问题：一是网络市场细分，二是目标市场选择，三是网络市场定位。这三个层面的问题，遵循先后顺序，前者为后者的前提，后者为前者的细化，如图 2－1 所示。

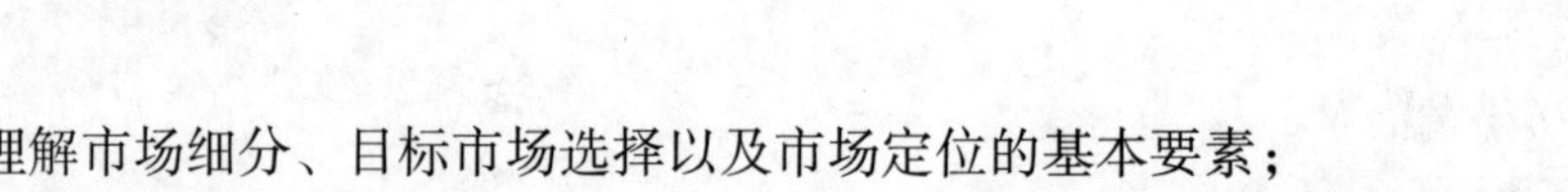

图 2－1　网络市场分析流程

2.3.1 网络市场细分

网络市场细分是指企业总结市场调研的结论，根据网络消费者的需求、购买动机以及习惯的差异，把网络市场划分为具有相似特征的消费群体。划分标准可以是单个也可以是多个，每个消费群体构成一个细分市场。

1. 网络市场细分的前提

网络市场细分起着提供开拓新市场的方向、集中使用企业资源以及调整营销方案的作用。但是，网络市场细分也必须具备一定的前提：生产供应多元化以及市场需求差异性。

（1）生产供应多元化。生产决定分配、交换以及消费的各个环节，这是耳熟能详的基本原理。由于企业生产条件，生产资源，产品设计理念，对于市场需求、特点及趋势的估计有所不同，以及全面管理技术的区别，最终生产的成品存在某种程度上的差异。

（2）市场需求差异性。生产、交换、消费是三个密不可分的环节，从左到右生产通过交换传递影响消费，从右向左消费通过信息反馈影响生产。由于生产企业和消费者之间对于消费品的理念存在差异，才推动了生产的革新。因此，市场需求的差异性是网络市场细分的前提。

2. 网络市场细分的标准

按照细分的程度不同，市场细分可以通过三种方法实现：一是完全细分，二是按照单个因素细分，三是按照两个或两个以上因素细分。因素的确定根据一定的标准进行，利用这些标准就可以区别不同的需求。将消费者需求和行为因素划分为五大类，即地理因素、人口因素、心理因素、行为因素以及网络因素。

（1）地理因素。地理因素是指消费者所处的不同的地理位置、气候、人口密度和城乡的情况，据此可划分出不同的市场。同一区域的消费者需求具有一定的相似性，不同区域的消费者会有差异较大的消费习惯与偏好。

根据地理因素进行市场细分的优点是：能够准确地集中于某个区域进行网络营销，有效地利用本土资源，合理安排销售机构和储运设施。其缺点是：由于经济资源的不平衡，越来越多的人背井离乡，来到更利于工作、生活的区域，所以造成了南北结合、城乡结合的局面。单纯地以地理因素划分区域，只有部分参照意义。而且对于大众化商品而言，消费者的偏好与居住地往往没有明显的联系。

（2）人口因素。消费者的意愿、需求和使用频率与人口往往有直接因果联系，故而人口因素历来是细分市场常用的重要因素。人口因素，包括性别、年龄、家庭周期、收入、职业、民族以及教育水平七个方面的参考变量，各个参考变量的不同组合都将构成不同的细分市场。

（3）心理因素。心理因素是抽象、复杂的因素，主要从社会阶层、生活方式、个性、态度以及购买动机等因素划分。这些因素相互联系，交叉发生作用。而专注于网络环境的心理变量，包括对个人信息的态度、对网络安全的态度以及对新技术的态度。

（4）行为因素。行为因素不同于地理因素、人口因素以及心理因素，其是消费者对外界事物作出的反馈。主要考虑消费者对产品的理解、态度、使用及反应等因素。

（5）网络因素。除了传统的购买动机、购买时机、使用频率等细分标准以外，网络因素也是必须考虑的一方面。上网方式、用户区域、上网目的、上网频率、上网地点、网络消费以及常用服务等因素，构成了网络市场细分的新标准。

根据上面所提到的细分的五大类因素，拟出每个因素下的变量，根据消费者的类型，圈选不同的特征。随着变量个数的增加，变量区间的细化程度加深，市场细分程度也就越高，针对性越强。网络营销市场细分矩阵如图 2－2 所示。

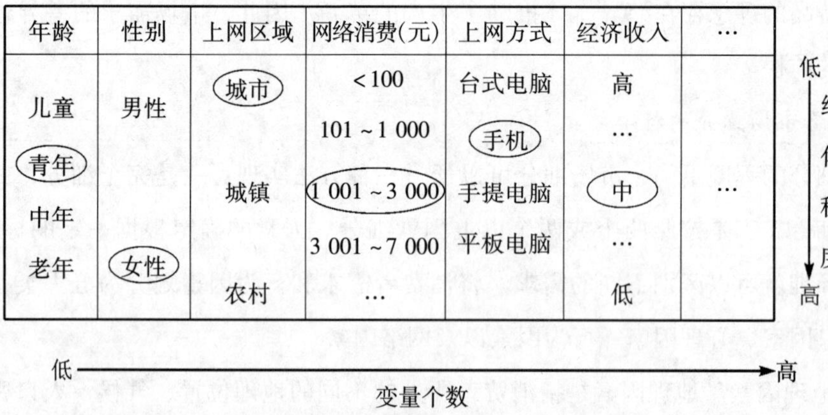

图 2－2　网络营销市场细分矩阵图

2.3.2　网络目标市场选择

网络目标市场是企业商品和服务销售的对象。市场细分后，企业面临不同的细分市场选择的机会，需要先对细分市场进行评估，再决定采用何种策略来选择细分市场。

1．细分市场的评估

细分市场的评估主要解决的核心问题是“市场能够带来多大的经济价值”。主要可以从市场属性、市场结构以及企业目标和资源三个方面进行分析，见表 2－1。

表 2-1 细分市场的评估标准

市场基本条件		企业基本条件
市场属性	市场结构	企业目标和资源
市场属性主要集中于市场的规模和增长程度两方面。 (1) 市场规模的选择需要和企业的承受度相匹配； (2) 市场增长程度的选择需要综合考虑市场利润总额和利润分配的问题。	市场结构的评估集中于其吸引力，即长期获利的大小。从盈利的角度来看，单单考虑市场属性的问题，还不足以保证吸引力。由此，还需要考虑对于吸引力的威胁因素，包括同业竞争者、新参与者、替代商品、消费者议价能力以及供应商议价能力。	从企业的角度考虑目标市场的选择问题，主要集中于与企业相符度的考量： (1) 是否符合企业的长期目标； (2) 能否具备获取该网络市场份额的能力和资源。

2. 网络目标市场策略

企业采取何种方式对目标客户进行服务，即其市场策略。根据企业对目标客户提供服务的差异程度，由浅及深可以分为：无差异策略、差异营销策略以及集中营销策略，见表 2-2。

表 2-2 网络目标市场策略

无差异策略	差异营销策略	集中营销策略
把整个市场看成是一个具有类似消费者的市场，并对其投入一种产品及采用一种营销计划。 优点：节约细分市场成本、产品设计成本，提高利润率。 缺点：应变能力弱，难以在竞争中独具一格，忽视小市场潜在需求。	根据细分市场的特色，运用不同的营销计划，进行产品设计、定价以及广告宣传等。 优点：利于满足消费者的需求，提高市场占有率和经济效益。 缺点：增加生产、销售、管理以及库存的成本，失去价格竞争优势。	倾力于某一细分市场进行专业化的生产和经营，能够保证细分市场上较高的占有率。 优点：有利于提高企业在单一市场的地位和信誉；规模化、专业化经营能够降低成本，获得较高的经济效益。 缺点：在遇到细分市场消费者需求变化或竞争对手加入的威胁时，难以通过分散营销降低风险。

网络目标市场策略的选择是一个综合化的议题，除了需要考虑人口因素、经济因素以及网络营销的发展趋势等因素，还需要考虑企业禀赋、上下游企业以及市场等因素。

2.3.3 网络目标市场定位

网络目标市场定位，是在目标市场结构中确定企业自身所处的位置，并为本企业和产品在市场上树立一定的形象，以求得到顾客的认同和偏好。

1. 市场定位方法

企业市场定位的基本原则，是以消费者的消费心理为出发点，使产品及企业在客户心中占据有利地位。企业可以通过差异化产品、差异化服务、差异化形象以及差异化员工等方面，突出企业自身及产品的特色，采取比附定位、属性定位、利益定位、市场空当定位以及质量/价格定位的策略，在市场上树立鲜明形象，以求与竞争者形成竞争差异。

具体而言，网络营销的定位方法有以下几种：

（1）初次定位与重新定位。初次定位和重新定位存在于企业整体或单个营销过程的不同阶段。初次定位一般发生在企业初入网络市场，或企业新产品投入新市场的时点。而重新定位是企业适应市场环境、调整市场营销战略的重要环节，主要源于内部和外部两方面的原因，内部原因主要是产品功能和用途特色变动，外部原因包括消费者偏好变动以及市场格局调整。此时，企业必须重点考虑两个问题：一是目标市场转移的全部成本，二是企业重新定位自身品牌的价格确定。

（2）对峙性定位与回避性定位。对峙性定位与回避性定位展示了企业的两种定位态度，前者是进入靠近现有竞争者或与其重合的市场位置，共同分摊顾客。而后者为开拓性的定位思路，即开辟产品营销的蓝海，避免与目标市场现有竞争客户直接对抗，开辟的也许是不存在的领域，也有可能是既有领域的空白或空隙。

（3）心理定位。心理定位贯穿于产品定位的始末，存在于前面所述的任何一种市场定位的形式中，从顾客需求心理出发，创造自身产品的特色，从而在顾客心中留下特殊印象并树立市场形象。

2. 市场定位的步骤

市场定位的核心是确定自己的产品相较于其他竞争对手所占优势的特性，包括两个关键环节：一是价格竞争优势的确定，二是偏好竞争优势的确定。

市场定位首先要分析目标市场的现状，然后要准确选择竞争优势，最后要显示独特竞争优势和重新定位，如图 2-3 所示。

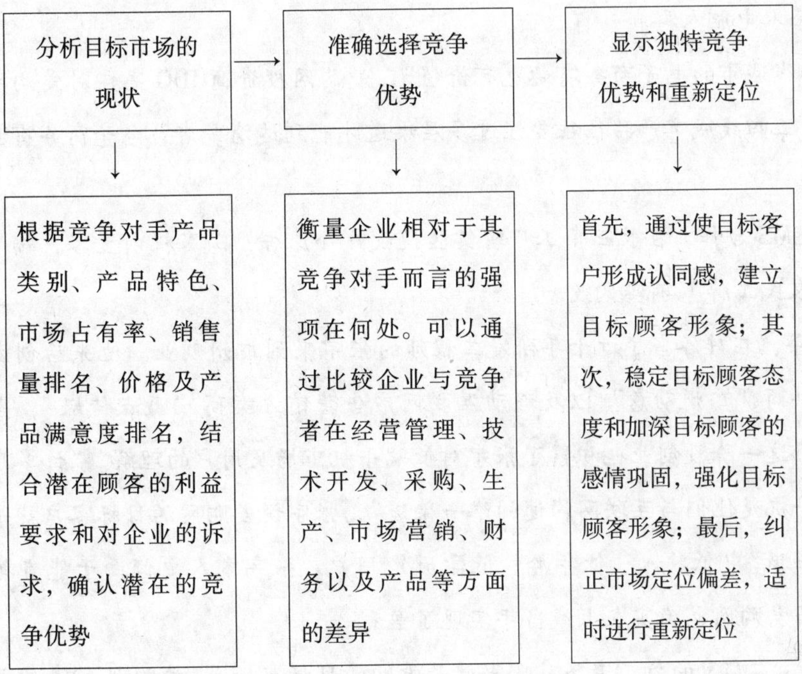

图 2－3　市场定位的步骤

2.4　实验内容

通过仔细阅读爱购网采用独特的竞争战略服务最边缘人群，从而取得移动互联网界巨大成就的案例，回答后面“实验练习与思考”中的问题，并撰写一篇实验报告。

广州爱购网络科技有限公司创立于 2009 年，同时推出移动互联网购物平台爱购网（http：//www.idgou.com），借鉴传统互联网成熟的商务模式，结合手机的移动便携优势，主要面向三四线城市及县、乡、镇年轻手机上网用户，为低收入的年轻手机用户群体提供时尚新颖、质优价廉的商品及随时随地的便捷购物服务。由于爱购网所售的商品价格适中、选择性大、服务口碑好，几年来销售收入高速增长，2009 年销售收入为 860 万元，2010 年升至 3 400 万元，2011 年达到 1.03 亿元，2012 年预计达到 3.5 亿元。随着销售额的快速增长，爱购网的销售范围不断拓展，全国 4 万余乡镇中有 3.5 万个在爱购网有成功交易，让消费者畅享科技时代足不出户随时随地购物的全新体验。①

大型电商在消费者电脑上疯狂烧钱的同时，爱购网却在三四线城市悄悄地开疆拓土，

① 张计划．爱购网：让最边缘的人群时尚起来［J］．企业研究，2013（3）：40.

目标为无个人电脑人群。

“三四线城市的电子商务有趣也有价值”，爱购网投资商IDG高翔对爱购网的模式十分看好，“三四线城市产品往往要经过多层渠道才能到达消费者，电子商务有利于销售的扁平化”。

只跟EMS合作，在长三角工厂密集区投放户外广告，山寨机内置客户端……爱购网主打的“农民工牌”确实见效。

2004年，在硅谷当了近十年研发工程师的张宇来到广州创业。他先后创立了移动产品服务提供商“广州动意”以及移动互联网广告营销方案商“赢点传媒”，当时还没有安卓手机。这一阶段创业也积累了张宇对低端手机市场及用户的理解。“许多用户是没有电脑的，手机是他们与互联网沟通的唯一渠道”，张宇说爱购网的目标客户就是没有个人电脑的“三低”（低收入、低年龄、低学历）用户。张宇本人更倾向于能直接变现的商业模式，而爱购网也确实在上线当年实现了盈利。

张宇说：“哪里的打工者多，哪里就是爱购的目标市场。”爱购网40%的订单来自长三角及珠三角，10%的订单来自四川。“爱购网的订单已经覆盖了全国所有的市以及70%以上的县，60%的订单来自农村。”

全国范围配送，巨大的物流成本是不可回避的，爱购网则在客单价与毛利率上下功夫。据了解，目前爱购网大部分产品采用买断自营的方式，与广东500多家厂商合作，10天为一个备货周期，SKU（库存量单位）为5 000件左右，产品在爱购网的自建仓储发货。“买断可能风险较大，但相对毛利率较高。”张宇告诉记者，再加上现在锁定二三线城市的电商极少，爱购网的毛利率可以达到50%。“爱购网实行‘68元以上免运费’，这个价格按现毛利率算，利润为34元，刚好覆盖最远的地区——新疆所需要的配送费。”另一方面，爱购网60%的产品为3C产品，总体客单价达到300元，相比15元左右的平均配送费，也一定程度摊平了物流压力。

EMS是爱购网最重要的战略伙伴。上线初期，爱购网即与EMS签订了五年期限的框架协议，爱购网免费使用EMS广州、江苏两个8 000平方米左右的库房，而爱购的快递只走EMS渠道，享受EMS最大限度的运费优惠。

至于配送速度，爱购网的配送时间为5～7天，而最远的新疆地区需要十几天。张宇表示，爱购目前不打算自建物流体系，“只能寄希望于EMS提高服务质量”。

为迎合客户，爱购网把购物流程最大限度地简化——不需要注册，用户发现合适的产品只需要留下姓名、联系方式及地址即可完成购物，或直接拨打客服电话订购。“由于农村用户的地址很难填全，用户最简单的方法是留下电话就好。”付款页面只有一个，不需要像传统电商一样进行3次以上跳转。

张宇告诉记者，每一单产品填写信息如果不全，客服会在5分钟之内与用户电话沟通，人工完善用户细节，支付方式也采用门槛最低的货到付款形式。同时，爱购网成立了15人的团队定期做用户电话或短信回访，丰富用户数据库。“主要对用户使用的机型以及所在地理区域进行分析。”张宇如是表示。

“现在PC电商都给予用户体验过度，”张宇告诉记者，“爱购网并不打算在页面设计上做得多炫多酷，关键只要做到图片清晰。”爱购网的团队300多人，客服就占了三分之二。

而出于对用户特征的把握，爱购网采取了独特的推广方式：在广州、江苏等地的厂房聚集地周边做大量的户外广告；把终端锁定在山寨智能机上；客户端只做安卓市场，“600元以下的山寨机是爱购网的最适宜终端”。

张宇甚至与深圳的数百家山寨机厂商合作，内置爱购客户端。更厉害的是，爱购网一直不遗余力地教育市场。“做低端用户电商，最大的难题是用户没有网购习惯。”张宇表示。目前，爱购网的重复购买率为40%，访问量转化率为1%。为此，爱购网成立了10人团队，专门在广东的工业区周边的士多店等地方发放传单及宣传册，每天铺500家左右。“每个士多店都有唯一的优惠码，用户输入此优惠码可以享受折扣优惠，而士多店可享受利润分成。”

张宇认为，“爱购网的目标是，在用户养成网购习惯之前，先建立起爱购网的口碑”。①

2.5 实验练习与思考

爱购网在移动互联网行业取得的巨大成功值得我们深入分析。爱购网的成功得益于差异化的客户定位、差异化的产品定位以及差异化的物流配送机制。以爱购网作为案例分析的原型，回答下面几个问题，并结合目前移动互联网的发展现状，形成关于爱购网市场细分、目标市场选择以及市场定位的实验报告。

（1）爱购网如何将零售市场进行细分？

（2）爱购网为什么把客户群体定位于无个人电脑的三四线城市草根用户？

（3）爱购网市场定位与网络营销策略是如何配合的？

---

① 蔡辉. 爱购商城，只卖“三低”用户［J］. 新商务周刊，2012（6）.

3 搜索引擎营销分析与优化

3.1 实验目的

搜索引擎是网民经常使用的第二大网络服务，用户检索所使用的关键词体现出用户对相关产品的关注，这是搜索引擎应用到网络营销的根本原因。本实验的目的在于让学生更好地理解搜索引擎营销的方法及关键环节，分析企业网站搜索引擎营销的短板，并提出相关搜索引擎营销优化策略。

3.2 实验要求

（1）理解搜索引擎营销的内涵、目标及模式；

（2）掌握搜索引擎营销的误区，使营销关键环节精准化；

（3）灵活使用常用的搜索引擎的推广方式；

（4）针对实验案例背景，分析企业网站搜索引擎营销短板，提出相关搜索引擎营销优化策略。

3.3 实验理论基础

3.3.1 搜索引擎营销的内涵及目标

1. 搜索引擎营销内涵

搜索引擎营销（Search Engine Marketing，简称SEM），是用户主导的营销方式，利用人们对于搜索引擎的依赖及使用习惯，在人们检索的同时将营销信息传递给目标用户。搜索引擎营销是直观的体现，链接信息源、搜索引擎信息索引数据库、用户的搜索行为和搜索结果、用户对搜索结果的判断以及对选中搜索结果的点击就形成了信息传递过程。其包括搜索引擎优化（Search Engine Optimization）和点击付费竞价广告（Pay Per Click）

两部分，点击付费竞价广告的典型代表是谷歌 AdWords 广告和百度搜索推广。

以百度为例，在搜索栏中输入“手机”作为检索关键词，则不同种类的手机新品信息以及促销信息就会依次排列出来，自然排名和广告排名分别显示。排名靠前就可以带来更多的关注和点击，从而带来更多的商业机会，如图 3－1 所示。

图 3－1　百度搜索“手机”结果

2. 搜索引擎营销目标

搜索引擎营销是基于用户自然检索的营销方式，所以与传统的营销不同，其传递的信息只发挥导向作用，效果表现为网站访问量的增加而不是直接销售。用户搜索、返回结果、查看结果、选择内容、形成判断、咨询购买，构成了用户体验的信息反射弧。因此，根据搜索引擎的信息传递过程，将其营销目标分为四个层次，如图 3－2 所示。

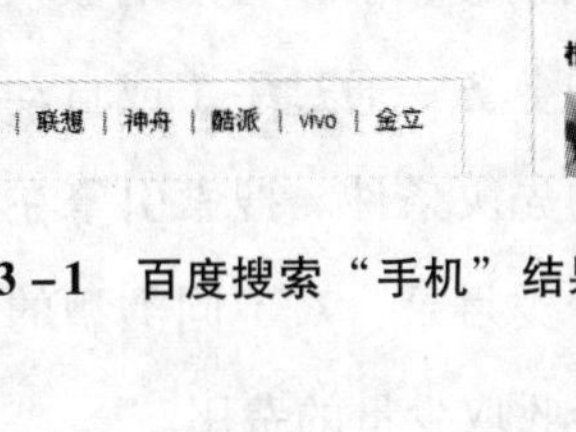

图 3－2　搜索引擎营销目标层次图

第一层是基础层，其目标是被搜索引擎的分类目录收录，包括网站主页和网站内容。

通过精细部分关键词、增加长尾关键词等措施，增强网页的可见性。

第二层是表现层，其目标是在排名上取得靠前的成绩，包括搜索结果排名和分类目录排名。根据用户的搜索习惯，靠前的内容往往被认为最有价值。

第三层是访问层，其目标是受到用户的青睐并且增加点击率，即增加访问量。该目标的达成，才使得收录以及排名在用户群体中形成实质性的影响。

第四层是转化层，是搜索引擎方法实现效果的集中体现，由实施搜索引擎营销策略到产生收益的关键一步。该层次主要将访问者转化为客户，将访问量转化为收益，增加品牌的知名度，是战略层次目标。

3.3.2 搜索引擎营销模式

搜索引擎营销追求最高的性价比，以最小的投入，获得最大的来自搜索引擎的访问量，并产生商业价值。搜索引擎营销技术主要分为以下三种模式：

（1）搜索技术出售。这是目前搜索引擎普遍的收入模式，谷歌、百度等领先引擎一直都承担着门户网站搜索的外包业务。通过手工或自动提交相关信息，能使得网站被相关的搜索引擎收录，创造搜索的先决条件。搜索引擎在这个过程中向门户网站提供搜索信息，并设置免费、付费登录分类目录，对不同类型的需求进行分类收费。另外，对于门户网站提出的搜索要求，也会收取少量的费用。

（2）关键词广告销售。关键词广告营销是在搜索结果界面中根据关键词显示不同注册企业的营销信息，对于不同的搜索引擎关键词广告的显示方式不一样，由此产生了固定排名和竞价排名两种形式。在固定排名中，付费的关键词网页在搜索结果的前十位出现。竞价排名是按照高付费的原则，对相同关键词的网站进行排名，常见为百度推广和谷歌 AdWords。竞价排名具有高级定位投放、效果易控制等优点。

（3）搜索引擎优化。通过了解不同网站的检索算法法则，采用易于搜索引擎索引的合理手段，使网站各项基本要素适合搜索引擎，从而更容易被搜索引擎收录及优先排序。搜索引擎优化包括网站内容优化、网站结构优化、页面优化、外部链接优化等，能够带来固有的、可观的影响，使企业能在自然排名中取得好成绩。

3.3.3 搜索引擎精准营销的关键环节

随着越来越多的电商使用搜索引擎作为推广方式之一，用户体验已经成为搜索引擎推广优化的关键所在。因此，搜索引擎精准营销的关键环节是以用户体验为核心的搜索平台选择和搜索引擎优化。

1. 搜索平台选择

(1) 搜索引擎的选择标准。企业所处行业种类和目标市场定位不尽相同，选取的搜索引擎营销的具体平台也各有所异。一般来说，搜索引擎营销平台的选择要遵循以下标准：

第一，覆盖面广。搜索引擎营销的最大特征是以其为平台传播营销信息，因此搜索引擎覆盖面的宽窄直接决定了搜索引擎营销效果的好坏。据调查，绝大多数的搜索流量来自前二十的搜索引擎，另外还有各个国家的一些自主的、稍小的搜索引擎。

第二，用户匹配程度高。搜索引擎的推出地点、针对区域，造成了用户类型的不同。以百度和谷歌为例，百度偏重于游戏、娱乐、音乐、休闲生活等内容，而谷歌更偏向于原创、技术类等内容。精准营销的精髓在于把握用户行为习惯。

第三，定位程度高。定位程度高的搜索引擎，推广信息与用户获取信息的相关性强，访问者对搜索结果点击率相对高，搜索结果所反馈的用户满意程度高，最终转化率也将提高。

(2) 常用的中文搜索引擎（见表3－1）。根据引用类型，搜索引擎可分为三大类：①主流搜索引擎，即全文索引，包括谷歌、百度等；②目录搜索引擎，即目录索引，包括雅虎、新浪的分类目录等；③元搜索引擎，利用多个搜索引擎，对用户查询请求进行反馈，包括 InfoSpace、Dogpile 等。

表3－1 常用的中文搜索引擎

名称	网址	主要特点
百度	www. baidu. com	主流搜索引擎、免费收录、竞价广告
360 综合搜索	so. 360. cn	元搜索引擎
搜狗	www. sogou. com	免费登录、竞价广告
谷歌	www. google. com. hk	主流搜索引擎、关键词广告
搜搜	www. soso. com	关键词广告
中国搜索	www. zhongsou. com	行业搜索
有道搜索	www. youdao. com	关键词广告
中国雅虎	cn. yahoo. com	分类目录引擎、免费登录
TOM 搜索	search. tom. cn	主流搜索引擎、付费登录
新浪	search. sina. com. cn	分类目录引擎、付费登录

注：根据各搜索引擎市场份额由高至低排名。

（3）主要中文搜索引擎索引库、检索功能比较见表3－2。

表3－2 中文搜索引擎索引库、检索功能比较

搜索引擎	索引库		检索功能	
	索引范围	更新周期	主要功能	特色功能
百度	网页、图片、视频、文档	一周	网页、新闻、地图、MP3、图片、视频、博客和地区搜索	贴吧、空间、大学搜索、专利搜索、百度知道、百度传情、硬盘搜索
谷歌	网页、图片、视频、文档	20天左右	网页、新闻、地图、视频、博客、图片和本地搜索	桌面、大学、学术搜索
搜狗	网页、图片、音乐、视频、文档	每日更新5亿网页	网页、新闻、视频、音乐、图片、博客和地图搜索	说吧、知识搜索、商机搜索
中国雅虎	网页、图片、音乐、视频、文档	两周	网页、新闻、音乐、图片、博客和视频搜索	Wap搜索、人物搜索、车票搜索、吃住玩、雅虎知识课堂
新浪爱问	网页、图片、音乐、视频、文档	未知	网页、新闻、图片、音乐、视频、地图和博客搜索	手机搜索、爱问知识人、专业搜索

2. 搜索引擎优化

搜索引擎优化是对企业网站的内部结构进行改造，从而符合搜索引擎的算法，使企业网站的排名得到提升。然而许多网站在搜索引擎营销方面普遍存在未能协调流量、排名、内容、用户匹配度以及用户体验的问题，从而落入误区。只顾排名、流量而忽视用户匹配度或者用户体验，会造成高流量、低转化率的问题；只顾排名，而忽视展现内容，则排名靠前，展现量也很高，但是点击率不佳。因此，搜索引擎营销决策的任何一个环节出现问题，都会对最终的结果造成影响。搜索引擎营销应该避开这些误区，摆正搜索引擎营销优化的策略，遵循以下规则：

（1）title优化。网页的首部和底部很重要，是访问者首先浏览和最后浏览的部分。

（2）内容是网站优化的灵魂，原创内容的加入和更新，能提高搜索引擎的辨识度。

（3）慎重选择服务器和域名。在稳定的服务器基础上，首选能够带来深刻影响的域名，一般考虑和网页主题内容相关的域名。

（4）站点优化不局限于首页，首页和全站都需要优化，增加被搜索引擎收录的概率。

（5）网站目录优化。作为搜索引擎算法的一部分，目录能够阐述网站特性的水准越高，搜索引擎越容易收录，排名自然靠前。

（6）meta 标签优化。meta 标签是网站的宝贵资源，需要特别进行优化。

（7）建立对外有效的联系性和导入高质量的链接。外链数量的增加，能够增加被搜索引擎搜索的概率，同时有质量的外链还能带来大的搜索量，从而提高网站在自然排名中的位置。

（8）合理布局关键词的密度和出现的位置，关键词密度保持在 2% ~8% 为宜。

3.4 实验内容

3.4.1 点击付费竞价广告——百度推广

百度推广是国内首创的一种按效果付费的网络推广方式，依托百度搜索引擎高覆盖率的优势，通过简单便捷的网页操作，为意向客户、有需求客户提供主动寻找企业的渠道，有效提升企业知名度，增加转化率。其主要作用机理在于通过百度推广提升相关关键词质量，提升搜索引擎排名，促进产品和服务的转化。一个完整的百度推广的方案包含账户搭建、关键词选取、创意撰写、账户运行、关键词排名以及统计分析等六个环节。其搜索推广由推广计划、推广单元、关键词与创意三个层级构成。除一般性的推广计划的设计和撰写以外，百度推广还提供关键词推荐工具、估算工具、IP 排除工具、历史操作查询工具、账户优化工具以及推广实况工具六大常用工具栏。以下结合百度推广助手展示对账户搭建、账户运行、创意撰写、关键词选取以及统计分析进行展示。

1. 百度推广账户搭建与登录

百度推广账户的搭建可以通过电话申请、在线申请、快速申请以及代理申请四种形式，其中代理申请主要针对需求量较大的行业，给予专门的服务和提醒。在线申请主要遵循“填写表格→顾问提供咨询→签约付费→获取百度账号”的流程。

百度推广账户可以针对个人网站和企业网站，但是个人网站项目有限制，而企业网站必须提供营业执照，需要提供一定的资质信息，以通过百度的审核。如图 3 -3 所示。

图 3－3　百度推广在线申请视图

下载并安装百度推广助手客户端，用百度推广账户登录，进入账户管理中心，如图 3－4 所示。

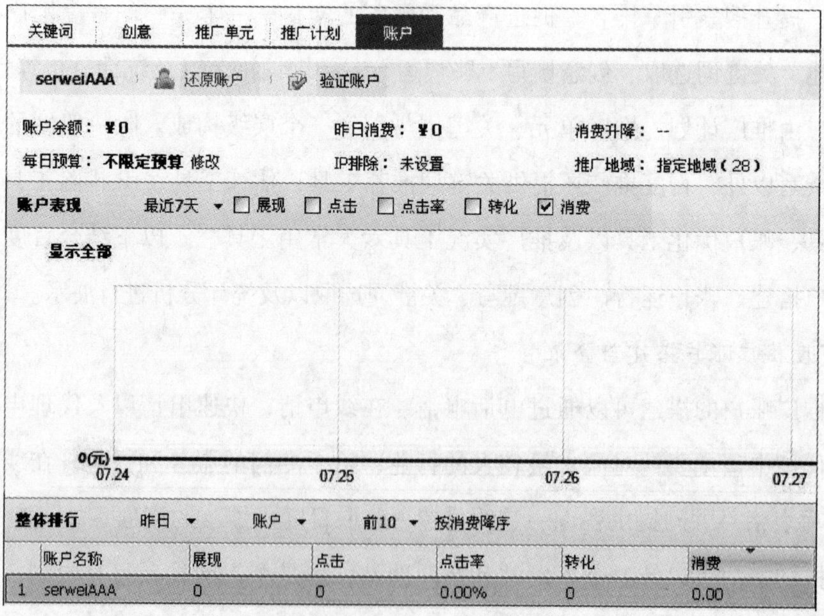

图 3－4　百度推广助手界面

2. 创建推广计划与单元

第一步，点击“推广计划”添加推广计划内容。填写计划名称、每日预算（不填为“不限预算”），选择创意展现方式，见图3－5。

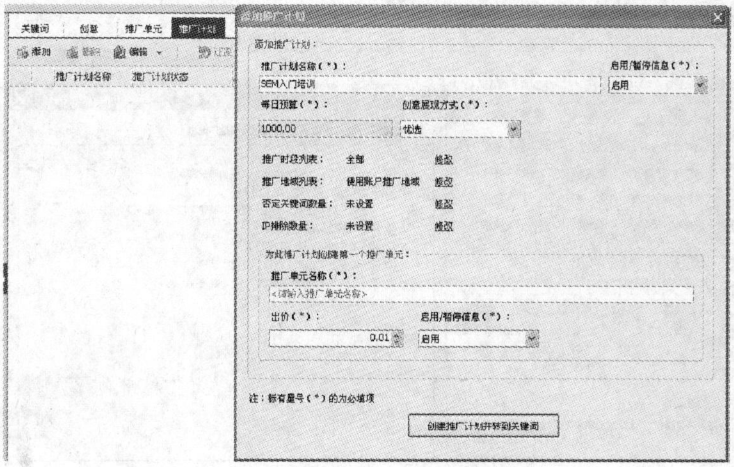

图3－5 推广内容添加界面

第二步，推广计划时间是推广计划实施的时间段，由于百度推广遵循点击付费的规律，所以有必要基于项目的目的及成本预算进行推广时段设置，默认推广时间通常为全天，而实际的推广时段应该根据推广的目的进行修改，见图3－6。

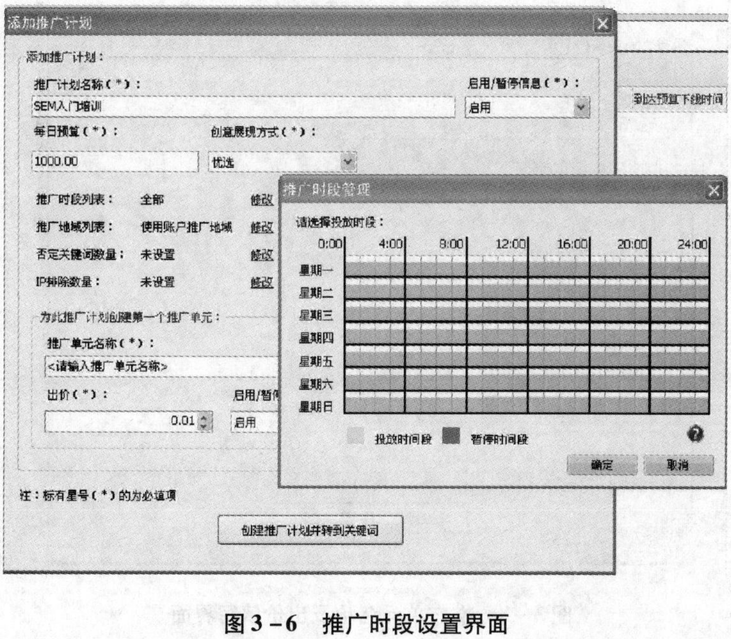

图3－6 推广时段设置界面

第三步，根据推广目的的不同，针对不同的地域进行推广活动，按照地理的划分方式，推广地域分为国内与国外两大类，细化到不同地区的不同城市。在“推广地域列表”中点击“修改”，进入推广地域修改界面，见图3－7。

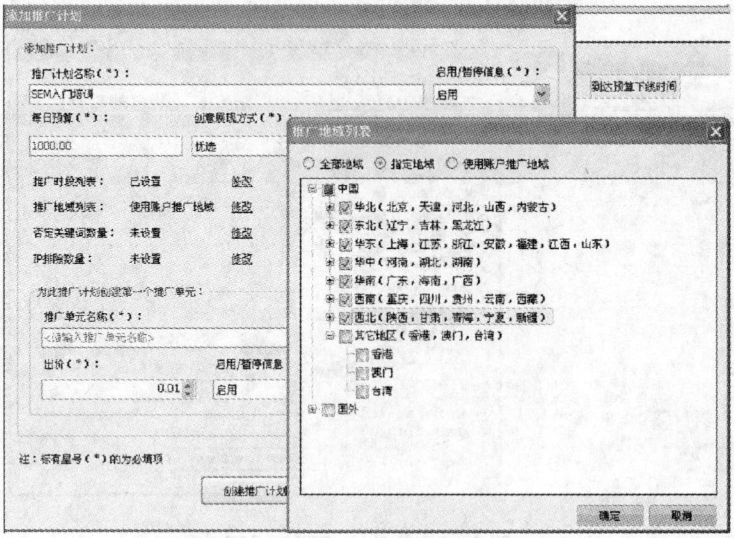

图3－7 推广地域修改界面

第四步，填写推广单元名称（同时更改关键词意思以便于管理），填写单元出价，然后点击“创建推广计划并转到关键词”，见图3－8。

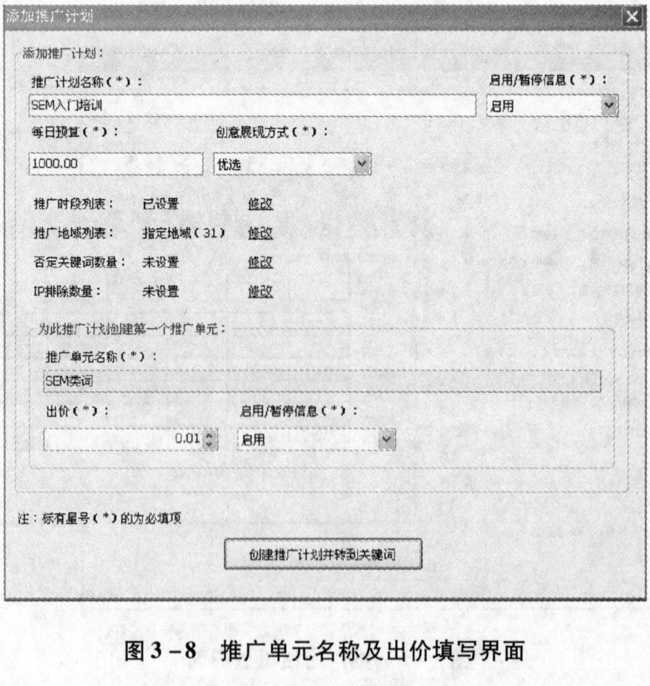

图3－8 推广单元名称及出价填写界面

3. 关键词选取

关键词选取可以采取两种方式：一是根据自身选择的合适的关键词，采用直接填写关键词的方法设置关键词；二是借助百度推广中附带的工具，借鉴其中对于相关关键词的匹配情况。

关键词的选取按照以下步骤：

第一步，创建好推广计划和推广单元，转到关键词单元页面，见图 3－9。

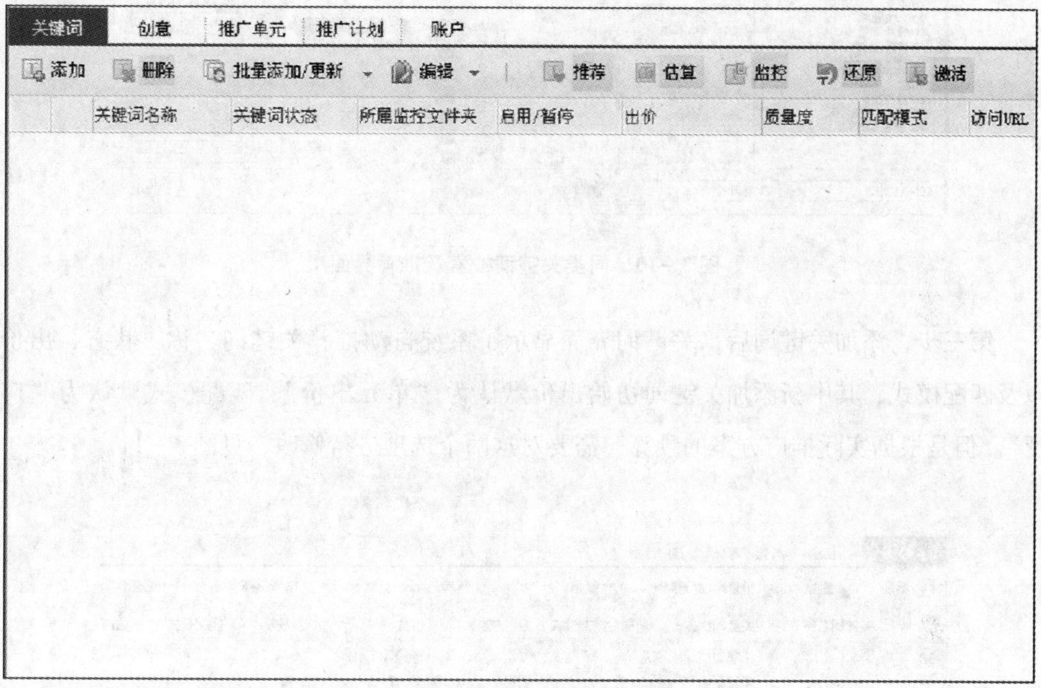

图 3－9　关键词添加页面

第二步，添加关键词。在“按关键词推荐”一栏中输入需要检索的关键词，如“SEM”。在对话框的右下方显示系统自动推荐的关键词，其中包括展现理由、日均搜索量以及竞争激烈程度。选择“添加全部”，左侧会显示已添加的关键词（也可以对单个的关键词添加或者删除），点击最下方的“保存到账户”，见图 3－10。

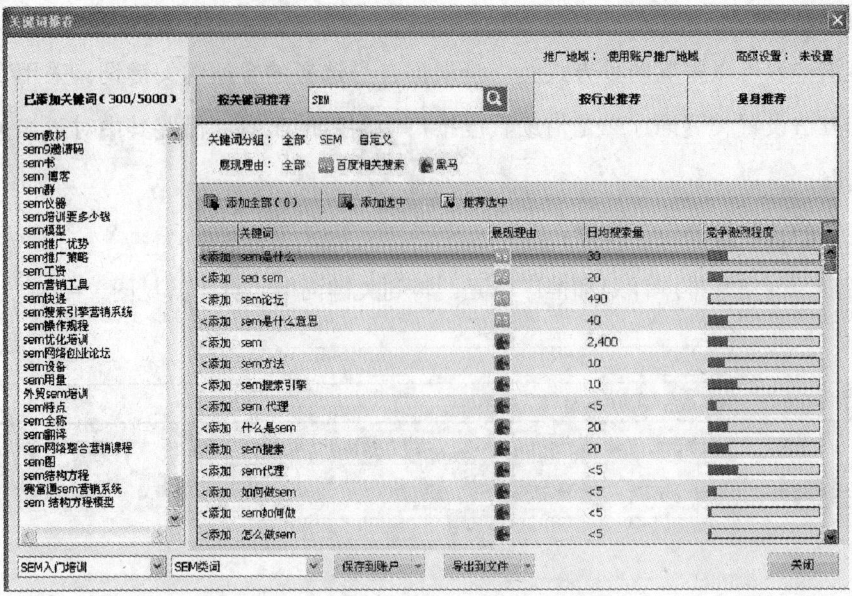

图 3－10 同类关键词检索及推荐界面

第三步，添加关键词后，关键词界面显示了系统自动推荐关键词名称、状态、出价以及匹配模式，其中新添加关键词初始出价默认为“单元出价”，匹配模式默认为“广泛”。但是根据实际推广方案的预算，需要对这两个选项进行修改，见图 3－11。

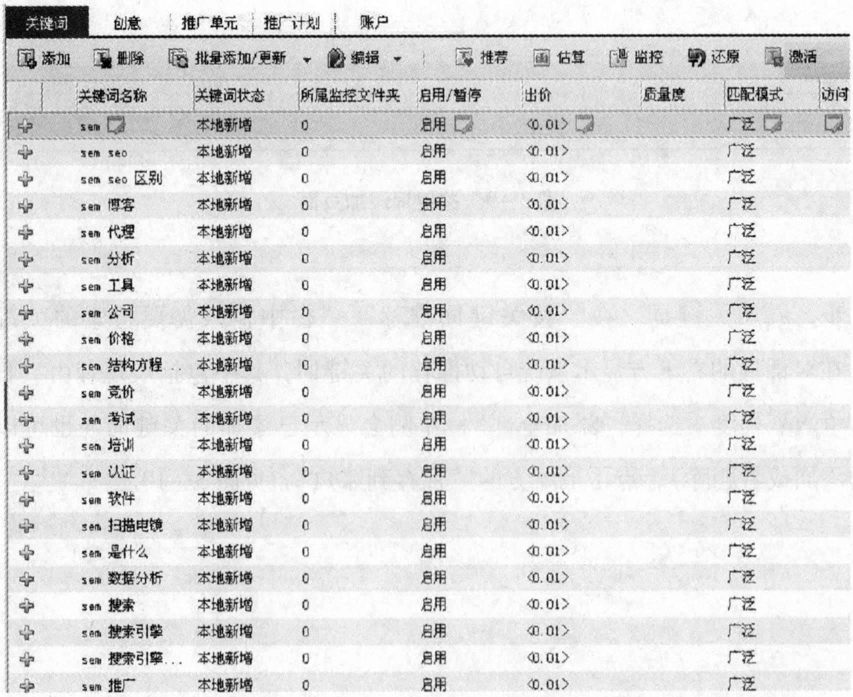

图 3－11 关键词出价及匹配模式修改界面

第四步，在关键词界面，全选关键词，修改关键词出价、匹配模式、访问 URL，到此添加关键词工作完毕，见图 3－12。其中匹配方式有“广泛”和“精确”两种，对于新手而言，推荐选用“精确”；访问 URL 可以选择与推广目标相关联的博客、论坛等。

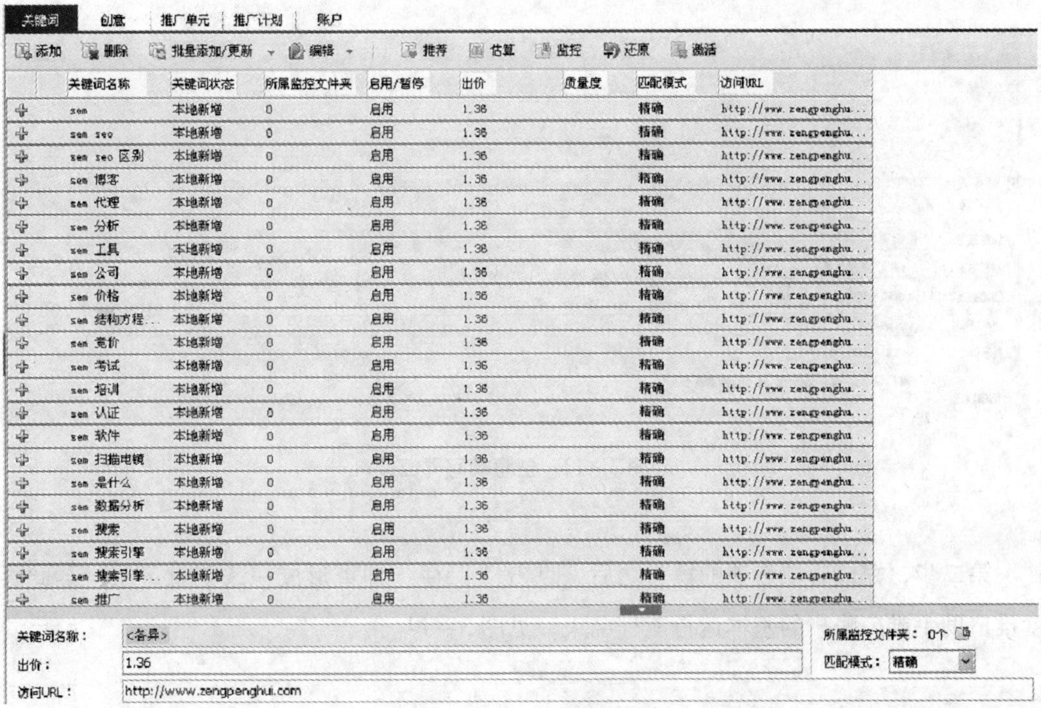

关键词名称	关键词状态	所属监控文件夹	启用/暂停	出价	质量度	匹配模式	访问URL
sem	本地新增	0	启用	1.36		精确	http://www.zengpenghu...
sem seo	本地新增	0	启用	1.36		精确	http://www.zengpenghu...
sem seo 区别	本地新增	0	启用	1.36		精确	http://www.zengpenghu...
sem 博客	本地新增	0	启用	1.36		精确	http://www.zengpenghu...
sem 代理	本地新增	0	启用	1.36		精确	http://www.zengpenghu...
sem 分析	本地新增	0	启用	1.36		精确	http://www.zengpenghu...
sem 工具	本地新增	0	启用	1.36		精确	http://www.zengpenghu...
sem 公司	本地新增	0	启用	1.36		精确	http://www.zengpenghu...
sem 价格	本地新增	0	启用	1.36		精确	http://www.zengpenghu...
sem 结构方程...	本地新增	0	启用	1.36		精确	http://www.zengpenghu...
sem 竞价	本地新增	0	启用	1.36		精确	http://www.zengpenghu...
sem 考试	本地新增	0	启用	1.36		精确	http://www.zengpenghu...
sem 培训	本地新增	0	启用	1.36		精确	http://www.zengpenghu...
sem 认证	本地新增	0	启用	1.36		精确	http://www.zengpenghu...
sem 软件	本地新增	0	启用	1.36		精确	http://www.zengpenghu
sem 扫描电镜	本地新增	0	启用	1.36		精确	http://www.zengpenghu...
sem 是什么	本地新增	0	启用	1.36		精确	http://www.zengpenghu...
sem 数据分析	本地新增	0	启用	1.36		精确	http://www.zengpenghu
sem 搜索	本地新增	0	启用	1.36		精确	http://www.zengpenghu
sem 搜索引擎	本地新增	0	启用	1.36		精确	http://www.zengpenghu...
sem 搜索引擎...	本地新增	0	启用	1.36		精确	http://www.zengpenghu...
sem 推广	本地新增	0	启用	1.36		精确	http://www.zengpenghu

图 3－12 关键词保存界面

4. 撰写创意

撰写创意，通俗来说是以关键词为中心，拟定通顺、有吸引力的广告语，以达到推广的目的。

撰写创意按照以下步骤：

第一步，添加关键词后，点击“添加”，出现创意撰写界面，其中创意标题、创意描述、访问 URL 以及显示 URL 为必填选项，见图 3－13。

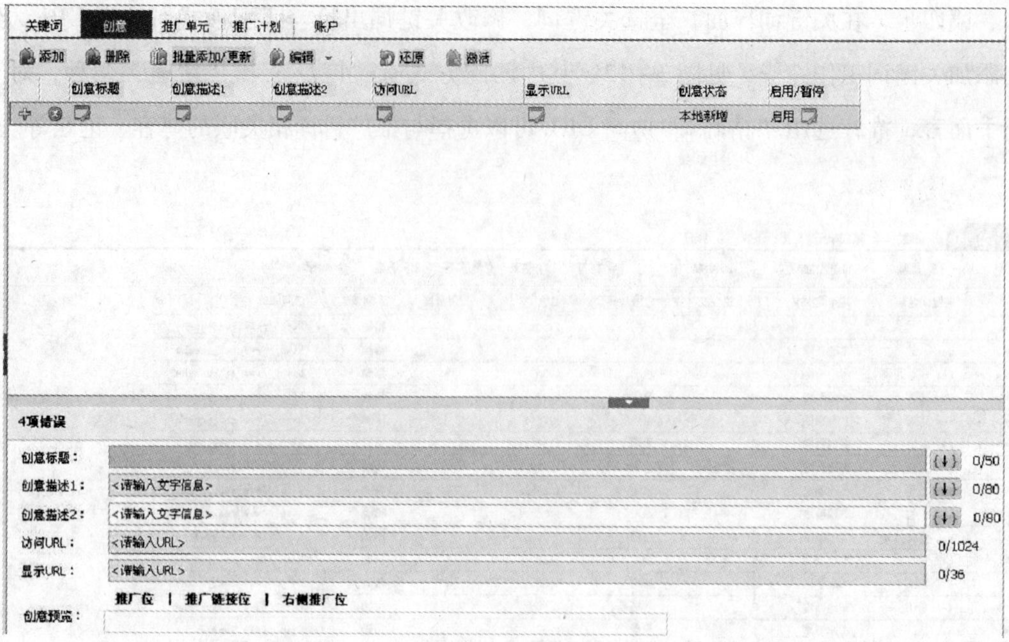

图 3-13 创意撰写界面

第二步，完成必填选项的填写之后，点击“保存”即可形成一条创意记录，至此百度推广助手推广账户的基本运行流程结束，见图 3-14。

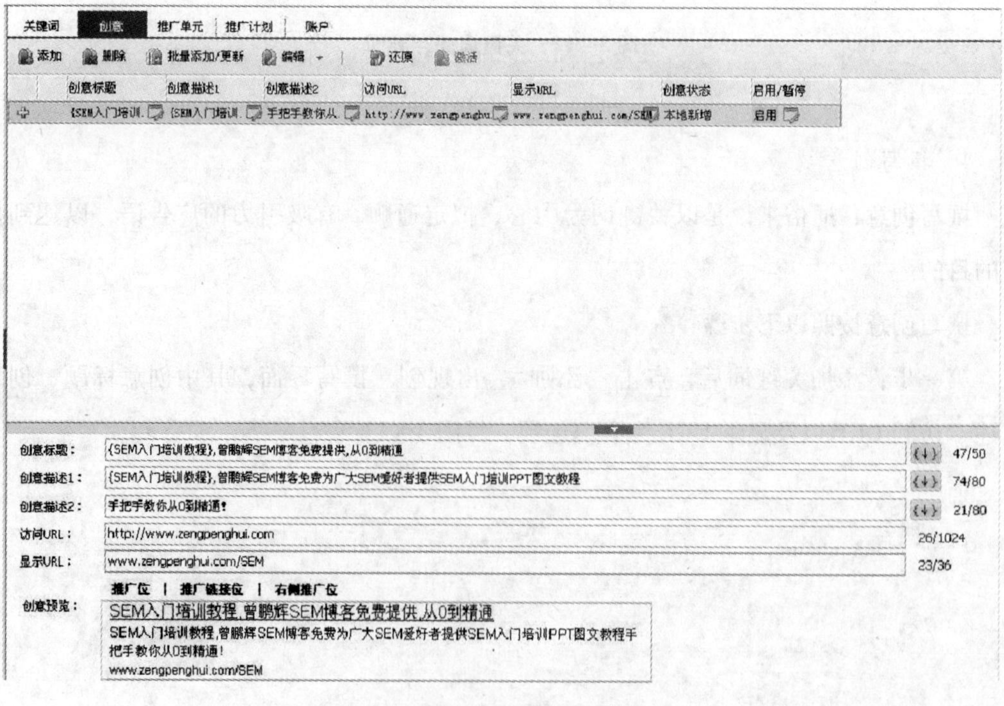

图 3-14 创意保存界面

5. 账户基本信息上传及错误处理

（1）账户基本信息上传：以上完成的单个或者多个推广计划和推广单元是在本地建立的，需要将信息上传并更新到账户信息，以便管理。在助手左上角，点击“上传更新”，见图 3－15。

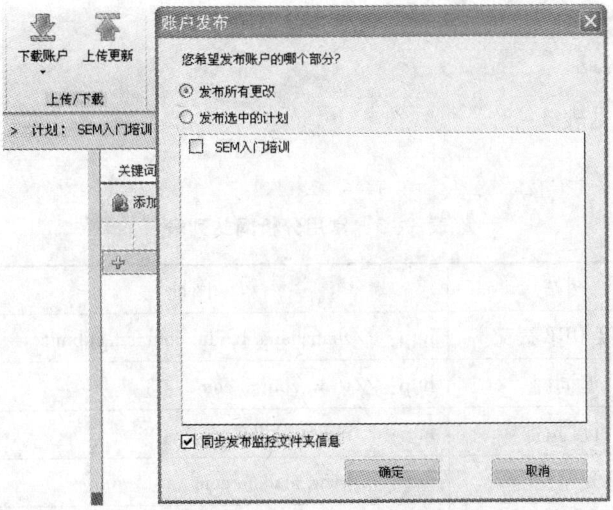

图 3－15　数据保存及上传界面

（2）错误页面的处理：在上传的过程中容易出现错误，比如访问 URL 设置不成功、关键词设置错误等，助手会提醒发布失败，见图 3－16。此时需要回到相应的页面，更正并再次上传。

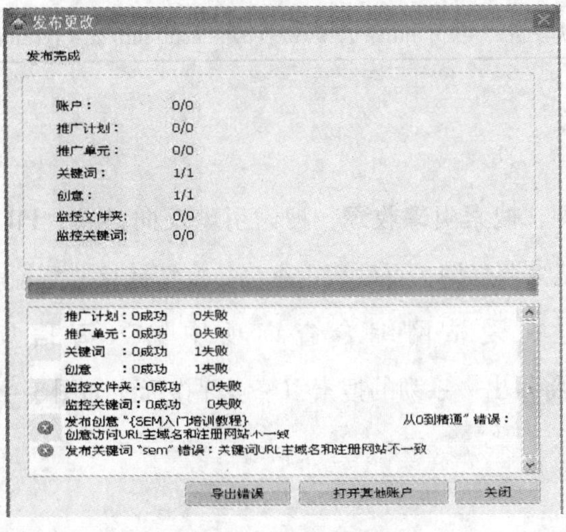

图 3－16　错误处理界面

6. 统计分析

统计分析是对于一个完整的推广计划的总结和反馈，也可以作为同类推广计划开展的参考材料。在实际操作中我们可以通过统计不同的栏目数据并获得横向、纵向的比对结果，适时地对现有的推广计划进行调整。

3.4.2 自然检索角度——搜索引擎优化

1. 常用分析网站

常用分析网站见表3－3。

表3－3 常用分析网站列表

网站	网址
百度URL提交	http：//zhanzhang. baidu. com/sitesubmit/
追词网	http：//www. zhuici. com
百度指数	http：//index. baidu. com
爱站网	http：//www. aizhan. com
百度推广	http：//e. baidu. com
谷歌AdWords	http：//adwords. google. com
Moz	http：//www. moz. com
Opensiteexplorer	http：//moz. com/researchtools/ose
谷歌趋势	http：//www. google. com/trends
卡卡网	http：//www. webkaka. com
百度统计	http：//tongji. baidu. com
谷歌分析	http：//www. google. com/intl/zh-CN/analytics

2. 分析模块构成

进行友情链接检测，搜索引擎收录，搜索引擎反向链接，PR值、PR输出值计算，关键词密度计算，网站综合查询，百度权重查询，友情链接监测检测等等。

以爱站网为例，在爱站网综合查询项中输入海信集团官方网站地址“www. hisense. com”，将得出一系列的搜索引擎考评指标，如图3－17至图3－21所示：

海信产品服务站-中国最大的3C产品供应商	
世界排名	三月平均：82,225 ALEXA数据预估流量：IP≈ 7,800 PV≈ 17,160
域名年龄	16年6个月（创建于1997年3月17日）
域名持有	Hisense Group 拥有 1 个站点， zhuangkan@hisense.com.cn 与 1 个站点有关联
网站速度	电信响应：32毫秒
seo信息	PR 百度权重 5 百度快照 2013-9-16 外链 985 预计百度来路：7741 ~ 9146 IP 出站链接：16个 首页内链：119个

图 3－17 海信官方网站基本情况概括

搜索引擎	百度	谷歌	360搜索	搜搜
收录数量	3,260	7,110	1,640	398
反向链接	63,300	588	8,380	73,935

图 3－18 海信官方网站在众搜索引擎中被收录的情况

标签	内容长度	内容	优化建议
网站标题	20 个字符	海信产品服务站-中国最大的3C产品供应商	一般不超过80个字符
网站关键词	91 个字符	电视,手机,I'TV,I'BOX,冰箱冷柜,空调,洗衣机,生活电器,商用显示,商用电视,商用机顶盒,智能商用设备,海信模具,商用解决方案,服务与支持,服务进度查询,在线保修,常见问题	一般不超过100个字符
网站描述	41 个字符	海信产品服务站是海信集团的产品官方网站,并提供优质的在线服务与支持等便捷线上服务.	一般不超过200个字符

图 3－19 海信官方网站内容基本情况描述

关键词	出现频率	2%≤密度≤8%	百度指数	百度排名	排名变动	预计百度流量(IP)
手机	5	0.8%	36085	查询	-	未知
电视	10	1.6%	2096	查询	-	未知
空调	9	1.5%	988	查询	-	未知
洗衣机	3	0.7%	970	查询	-	未知
生活电器	2	0.6%	64	查询	-	未知
I'TV	2	0.6%	0	查询	-	未知
I'BOX	2	0.8%	0	查询	-	未知

图 3－20 海信官方网站关键词密度及排名

百度权重	5		全能网站IP流量 最高支持5万			34个相关子域名
百度来路	预计百度来路：7741 ~ 9146 IP					www.hisense.com
爱站词数	254 条记录 查看历史					hxdq.hisense.com
百度快照	2013-9-16					shop.hisense.com product.hisense.com
总收录	3260 篇	一周收录	2460 篇	24小时	2450 篇	service.hisense.com

图 3-21 海信官方网站百度权重

3. 友好性分析的监测

搜索引擎友好表明网站的网页内容更容易被搜索引擎收录，即用户通过搜索引擎获得网站信息的机会增加，其最终目的是为了使用户能够更加方便地获取信息。搜索引擎友好性分析是通过技术性的分析手段，对既定的对象的收录程度、外链个数、排名情况等具体指标进行评价和对比，得出对象的友好性表现及不友好性表现。常见的网站友好性和不友好性的表现如表 3-4 所示。

表 3-4 网站友好性及不友好性表现

友好性表现	不友好性表现
1. 网站内容丰富，图文并茂，关键词设置合理； 2. 网站结构清晰，载入速度快； 3. 具有足够与网站的内容相关、被搜索引擎收录程度高的外链链接； 4. meta 标签中有网页描述和关键词设计	1. 网站在竞价排名中排名靠后； 2. 与大量无关网站链接； 3. 关键词代表性不强，不能体现网站的特性； 4. 网站设计不够人性化，不便于用户操作； 5. 网站更新频率不高； 6. 网页内容的 html 结构不合理，< title >、< h1 > ~ < h6 >、< ul >、< li >等标签未得到合理应用

以上列出的是基于用户体验的搜索引擎友好性及不友好性的表现，而在实际的量化监测中，表 3-5 中的四个常见指标是十分重要的。

表 3-5 常见网站 SEO 监测指标列表

指标	指标描述
收录	包括排名、site 数量和百度统计后台显示的索引数量
更新率	包括更新文章的数量和当日收录文章的数量，以及发布和收录的比例

（续上表）

指标	指标描述
外链增长率	包括投稿或外推工作量和被收录的数量，以及发布和收录的比值
快照	需要记录的是 site 快照和排名快照两种

通过收录数据对比分析网站内容情况，核心思想在于通过对不同日期的收录数据对比判断出网站的短期、中期以及长期的表现。如果 site 数量和百度统计索引数量存在稳定增加的现象，则说明网站处于正常运转状态；如果索引数量是 site 数量的 2 倍以上，则说明网站的内容需要提高，部分内容被百度索引后可能被判定为垃圾内容或者重复内容；另外，如果数据连续一周左右出现不断大量减少的趋势，则需要考虑网站优化方法是否存在过度或者不当的情况。除了 site 数量以及百度统计索引数量的指标之外，PR 值以及 Alexa 排名也是通过收录情况分析网站内容的具有参照作用的指标。PR 值是基于谷歌算法的一个指标，如果网页外链质量越好，PR 值越高，网站的收录情况越好。Alexa 排名是对全世界网站进行排名，主要分两种：综合排名和分类排名。Alexa 排名以网站的每天平均使用人数、人均访问页面数（与人数和人均页面数之乘积成正比）为基础，以这两者的几何平均数对网站进行排名，而正式名次是基于最近三个月之内数据的平均值。按照某个网站的流量统计，分析这个网站可以排到什么位置。大多数人把 Alexa 排名当作当前较为权威的网站访问量的评价指标。

更新率的核心思想在于统计数据精准分析日更新内容。更新率是收录和日发布文章数量的比值，这个比率的经验值是大于或等于 85%。如果更新率在正常水平之内，则说明网站日更新内容基本正常。但如果更新率过低，则说明网站更新的内容质量不高，存在大量垃圾内容或者是原创的内容无价值。

通过外链增长率数据分析有效控制优化过度。记录这个数据主要是为了评估 SEO 工作情况，由于在网站优化的过程中很难把握度的问题，尤其是容易出现优化过度的情况，比如说如果一个网站的外链更新率通常一天是 80%，忽然有一天更新率是 10%，而且更新量浮动也比较大的话，就需要站长注意了，提醒网站的外推人员控制平稳的更新量。

3.5 实验练习与思考

选定一个知名企业网站，并以该站作为母版分析该网站，并确认该网站最相关的 3~5个关键词（比如主要的产品类型、产品特性以及行业类型等），进行关键词分析。具体操作如下：

（1）从备选网站中选定一个企业网站；

（2）浏览该网站并确认该网站最相关的 3 ~ 5 个关键词，采用一个常用的分析工具，分别对网站和关键词进行分析，了解其在搜索结果中的表现，如排名、网页标题和摘要信息内容等，并记录同一关键词检索结果中与被选企业同行的其他竞争者的排名和信息情况摘要；

（3）根据有关信息分析被调查网站的搜索引擎友好性。

4　网络广告设计与推广

4.1　实验目的

网络广告是全新的营销与传播工具，能够通过网媒与顾客的接触，丰富企业促销手段、优化广告营销方案、降低企业宣传成本、增加与老客户的交流途径以及及时获取最新信息。本实验的目的在于以国内网络广告设置、广告业务开展情况以及广告效果为切入点，进一步建立学生对网络广告设置、网络广告投放、网络广告互换等方面的认识，增加学生在网络广告制作与发布方面的意识和知识积累。

4.2　实验要求

（1）了解目前国内外电子商务网站的网络广告现状，掌握网络广告的基本类型及构成、投放渠道与方式。

（2）以目标站点为本位，深入、全面地了解和分析网络广告的设置、网络广告业务的开展情况、网络广告效果等方面，以目标产品或目标企业为本位，对比不同网络广告设置、网络广告投放、网络广告互换等方面的效果，并得出相关原因，提高综合分析问题的能力。

（3）掌握网络广告投放流程，解决为何实施网络广告、如何投放网络广告两大关键问题，策划并开展网络广告活动。

4.3　实验理论基础

4.3.1　网络广告的内涵

什么是网络广告？简单来说，网络广告就是依托互联网平台打造广告，通过网站上的广告网幅、文本链接、多媒体等方式，在互联网刊登或发布广告，再通过基于相同通信协议的互联网节点传递给互联网用户的一种高科技广告运作方式。可以说，科技的进步推动了网络广告的发展，使得网络广告走得更远。网络广告本质是向互联网用户传递营销信息，体现出用户、广告客户和网媒三者之间的互动关系。其依附于有价值的信息和服务载体，具有强制性和用户主导性的双重属性，核心思想在于引起用户关注和点击。与传统广告相比，网络广告同样包括广告的五个基本要素，即广告主、广告费用、广告媒体、广告受众和广告信息，但在覆盖范围、受众主体、媒体形式、实时性与持久性、感官性与交互性、投放目标精准性、受众选择方式以及效果监测等八个方面，二者形成了鲜明的对比（如表 4－1 所示）。

表 4－1　网络广告与传统广告对比

	网络广告	传统广告
覆盖范围	面向全球开放，覆盖范围广泛	受成本、地域限制
受众主体	最年轻、最具活力、购买力最强的群体	任意主体
媒体形式	图片、文字、音像等多种形式	风格严肃、形式单一
实时性与持久性	实时更新，长期保留	受广告受托方限制
感官性与交互性	呈现生动，体验性强	受时间、地点局限
投放目标精准性	网络细分程度高，分辨性强	区分度不高
受众选择方式	主动选择	多为被动选择
效果监测	即时效果监测，快速反馈数据	测量难度大，监测周期长

4.3.2　网络广告的发展历程及现状

网络广告起源于美国。1994 年 10 月 27 日，美国著名的 *Hotwired* 杂志推出了网络版的 *Hotwired*，并首次在网站上推出网络广告，立即赢得了 AT&T 等 14 个客户在其主页上发布广告网幅，标志着网络广告的正式诞生，这是网络广告史上的里程碑。1997 年 3 月，中国第一个商业性的网络广告出现，传播网站是 Chinabyte，广告表现形式为动画旗帜广告。Intel 和 IBM 成为国内最早在互联网上投放广告的广告主。我国网络广告一直到 20 世纪末期才初具规模，新浪、搜狐等一批大型门户网站的崛起代表着中国网络广告开始登上时代的舞台。

2003 年“非典”事件的出现让中国网络广告发展突飞猛进，当年市场规模增加一倍。2004 年，新浪、搜狐、网易公布财报，网络广告盈利丰厚，中国门户网站广告进入全面盈利时期。2005 年，中国网络广告市场规模突破 30 亿元，进入平稳发展阶段。2006

年，市值最高的中国互联网公司腾讯的价值已经达到60亿美元，同年，全球第二大广告集团WPP收购中国最大的网络广告代理之一华扬联众，中国网络广告影响国际化。2007年，随着大众传媒并购、收购数量增加，中国网络广告产业从此进入爆发式增长阶段，平均每万人就拥有10个网站。2008年，中国北京奥运会举行，网络广告再次掀起成长的热潮。2009年，全球经济震荡并未阻止网络广告市场发展的步伐，网络广告市场平稳增长，在三年内保持45%以上的增长速度。2013年第二季度，中国网络广告市场规模再创新高，搜索与视频广告份额继续加大，传统广告形式略有下降，广告营收规模排名前十位的格局基本稳定，奇虎360、淘宝和搜狐增速最快。根据iResearch的研究预测，2013年以后，虽然网络广告市场规模增幅有所下降，但继续保持增长趋势，到2016年，中国网络广告市场规模有望达到2 067.5亿元，如图4－1所示。

注：1. 互联网广告市场规模按照媒体收入作为统计依据，不包括渠道代理商收入。
2. 此统计数据包含搜索联盟的联盟广告收入，也包含搜索联盟向其他媒体网站的广告分成。

图4－1　2006—2016年中国互联网广告市场规模及预测

历经多年，网络广告产业在洗礼中逐渐走向成熟。从整体来看，虽然网络广告的收益还不能与传统的媒体广告相比，但网络广告收益增长的速度是传统媒体广告所不能比拟的，网络广告较之传统媒体广告有无法替代的优势。创新的网络广告也层出不穷，获得了不少广告主的青睐，以视频特色为主的网络多媒体广告，随着网络广告商机深度与广度的拓展，网络广告的价值正在不断地被挖掘。

4.3.3 网络广告的形式及比较

4.3.3.1 网络广告的形式

网络广告形式多样，具有灵活的投放形式。但是，全球网络中还是以网幅广告的形式出现较多。当前网络广告的主要形式如下：

1. 网幅广告

网幅（Bannar）广告又名“旗舰广告”，是最早的网络广告形式。定位在网页内，以gif、jpg等格式建立图像文本，同时还使用Java、Shockwave增强交互性和表现性。其最常使用的是大小为468×60像素的全尺寸网幅。根据网幅广告的表现形式可以分为静态网幅广告、动态网幅广告以及交互式网幅广告。

（1）静态网幅广告。静态网幅广告是早期网幅广告常用的一种方式，其采用在网页上展示一幅固定的图片的方式，制作简单，几乎是所有网站采用的广告形式之一。但在众多新技术制作的网幅广告面前，显得有些枯燥和古板。如图4－2所示。

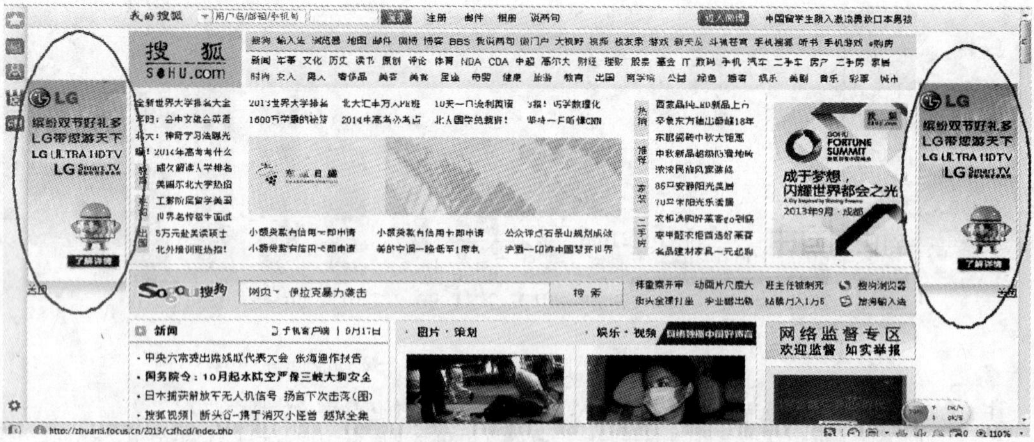

图4－2 搜狐首页网络广告

（2）动态网幅广告。其原理是把一连串图像连贯起来形成动画，使得广告呈现出闪烁、运动的效果。通过不同的画面，把关于同一个主题的不同层面的信息传递给浏览者，从而加深浏览者的印象。动态网幅广告具备制作相对不复杂，尺寸较小等优点，是目前最主要的网络广告形式。如图4－3所示。

图 4-3 搜狐首页动态网幅广告

(3) 交互式网幅广告。交互式网幅广告作为动态网幅广告的补充，引入游戏、插格式、回答问题、下拉菜单等形式，分为 html 和 RichMedia 两种。

2. 文本链接广告

这是最常见、最有效果的网络广告形式，对浏览者干扰最少。当整个网络广告界都在寻找新的宽带广告形式的时候，殊不知最小带宽、最简单的广告形式却是最好的。

图 4-4 为搜索引擎中关于关键词“笔记本”的全部搜索结果，在网页的左边显示的是百度推广中的特定商户广告，网页的右边是推广链接。点击任一链接，即可得到相应的广告内容，而且搜索引擎的特征在于可以实现用户导向型的广告，随着用户关键词不同而作出不同的变化。

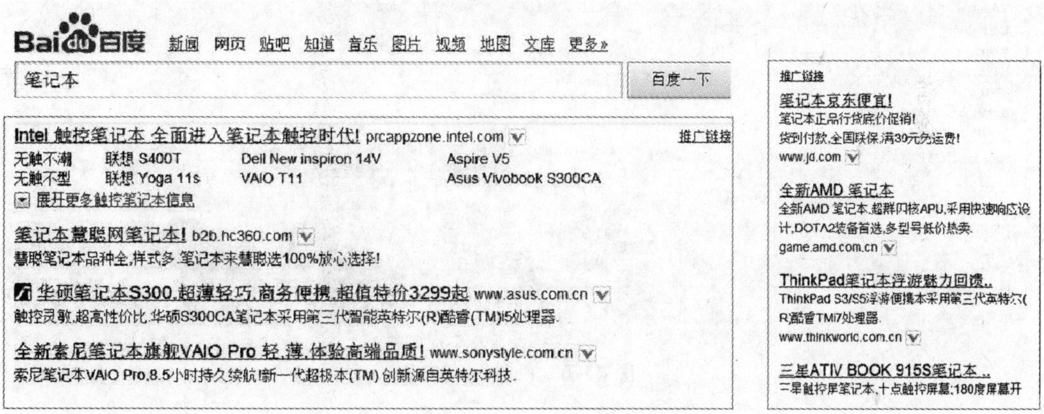

图 4-4 百度搜索中的文本链接网络广告

另一个例子，如图 4-5 所示，搜狐网首页中用虚线条框出来的为文本链接广告，文本链接广告的表现形式很多样，可以出现在页面的任何一个位置，既可以横排，又可以竖排。每一个字段是一个广告，点击字段即可进入广告内容。

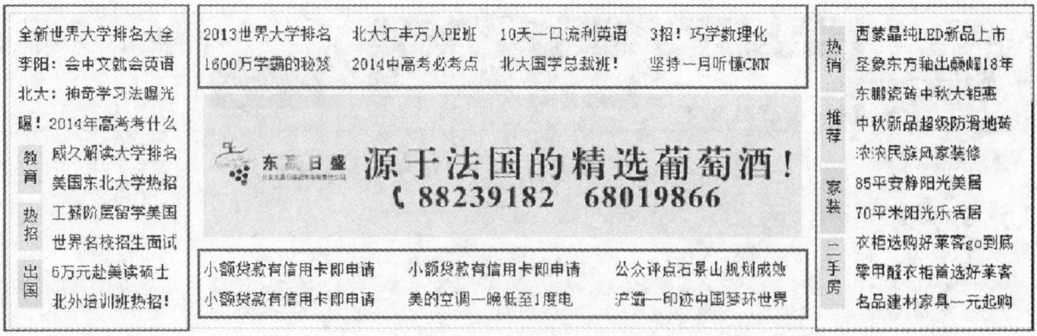

图4－5 搜狐网首页中的文本链接网络广告

3. 邮件列表广告

邮件列表广告又称为“直邮”广告，利用服务器中许可用户邮箱地址的列表，将广告加入，定时或者不定时发给既定的邮箱所有人。邮件列表广告一般采用 html 的形式或者文本的形式，具有针对性强、费用低廉的特点，而且广告内容受限制较少。如图 4－6 所示。

图4－6 邮件列表广告

4. 主页型广告

将企业所要发布的信息内容制作为不同的目录，放置在网络服务商的站点或企业自己建立的站点上，如图 4－7 所示。主页型广告可以就企业文化、企业业务以及企业产品等作出全方位、系统性的介绍。同时，企业网站也开始在网页中加入知识普及、在线报修以及服务进度查询等项目，联想式地满足消费者的需求。

图4-7 主页型广告

5. 移动广告

该类广告可以在页面范围内四处飘荡，当用户用鼠标点击该小型图片时，该移动广告会自然扩大成为广告版面，展示广告内容。

6. 弹出式广告

弹出式广告也叫“插页式”广告，是在网页页面打开或者关闭的时候弹出一个新窗口来展示网络广告的内容，一般用于一个页面向另一个页面内容切换的过渡。

7. 其他形式

除了以上提到的六种主流的广告模式以外，还存在其他的一些广告形式，例如屏保、全屏广告、指针、视频网站贴片以及植入广告等。

4.3.3.2 网络广告形式比较

不同的网络广告形式，丰富了网络营销的手段。由于运用范围、占用空间、对来访者的影响力等各不相同，各类广告形式具有不同的优势和劣势，通过表4-2罗列出来。

表4-2 各类广告形式比较

广告形式	优点	缺点
网幅广告	网幅广告通常置于页面顶部，最先映入网络访客眼帘，吸引力更强，表现更突出，备受来访者关注	网站首页网幅广告的尺寸相当有限，能够负载的信息有限
文本链接广告	占用空间较小，放置在网页边栏或其他位置，比起图像广告看起来比较不像广告，比较不会引起访客的反感	偶尔会被访问者忽略

（续上表）

广告形式	优点	缺点
邮件列表广告	覆盖面广、功能全、成本低、速度快、针对性强	如果使用方法不当，会形成垃圾邮件，造成困扰，电子邮件广告效果值得斟酌
主页型广告	可以较详细地介绍企业相关信息，从而让用户全面了解企业及企业产品或服务	难以独立存在，并不是每一个网络的浏览者都知道哪些企业在网上建立了企业主页
移动广告	可以始终保持在当前网页的位置上，由于位置别具一格，容易引起浏览者的注意	很容易被关闭，失去效果
弹出式广告	由小到大的广告内容展示的变化，能吸引浏览者的眼球	容易被关闭，被关闭的概率比移动广告大
其他形式	广告形式多种多样，丰富了浏览者对于网络广告的看法，满足浏览者对于新生事物的喜好	由于都是通过细节上进行补充，可以运用的范围比较有限

正是由于各类网络广告形式的优点各异，故而在实际的操作中应该考虑采用多种形式互补的策略，以提高营销的针对性、交互性和有效性。

4.3.4 网络广告投放方式

网络广告在运用中无论成本多少均要付出成本，为了达到既定预算约束下营销效果最大化的目标，除了选择合理的广告形式以外，还要注意其投放方式。根据其投放依据，投放方式可分为以下五类。

1. 地域导向

地域导向，即向某个特定区域进行广告投放。这种区域差别往往与广告内容所面向的客户的购买习惯、购买能力有关。例如：路易威登制造商需要推广新品，由于其产品的定位是奢侈品，故而其广告投放的区域必然是平均收入水平较高的北京、上海、广州等一线城市。

2. 基本数据导向

基本数据导向，是指根据前期调查或者网络资源收集所得出的对于广告内容不同性别、年龄人群的结论，分群体进行广告投放。以唱片为例，不同年代的人都有不同的所崇拜的歌星以及喜好的音乐风格，如果把重金属音乐推广给老年人肯定不合适。

3. 用户行为导向

用户行为导向，是根据用户的基本行为特征进行网络广告的投放。

4. 关键词导向

关键词导向，是根据用户所需要的关键词为其反馈相关的广告信息，现在很多搜索引擎可以达到快速调出相应广告的目标，如百度联盟。

5. 时间导向

时间导向，是指将广告投放时间定格为某一个时间点，例如一周的某一天或某些天或某一时段。这同样与用户的浏览习惯有关，如白领都有早晨、中午上班前浏览当日重要内容的习惯，而家庭主妇们由于白天需要接送孩子、做家务等，只有到晚上才有休息时间浏览网页。因此，针对不同类型的广告，时间也是投放过程中必须考虑的要素。

4.3.5 网络广告效果评估体系

在实际操作中，网络广告效果评估可以通过访问统计软件、广告管理软件以及信息反馈软件等专业化途径进行既定指标的测定、分析和传输。其基本评价体系如下：

1. 单一指标评估法

单一指标评估法是在广告主明确广告的目标后，采取适当的单个目标来对网络广告效果进行评估的方法。与浏览量、访问量、停留时间等指标相关的评估量，用于提升和强化品牌形象；与转化次数、广告收入以及广告支出等指标相关的评估量，用于评价广告主的实际收入。

（1）点击率。点击率是网络广告最直接、最有说服力的评估指标之一，指网上广告被点击的次数与被显示的次数之比。如果准确识别形成购买决策的客户、对产品及服务感兴趣的潜在客户以及高潜在客户的点击行为，能够形成深层次的结论。

（2）业绩增长率。业绩增长率是最直观的网站效益指标，描述既定种类产品网上销售额增长情况。

（3）回复率。回复率是辅助性指标，指网络广告发布后客户表单提交量、询问产品情况、索要资料电话等增长情况。

（4）转化率。转化率可衡量投放效果，包括点进次数、点进率、跳出率以及投资回报率。

2. 综合指标评估法

在测试广告综合效果的方法中，DAGMAR 方法是目前使用频率最高、最流行的方法。其主要包括传播效能评估法以及耦合转化贡献率评估法两方面。

（1）传播效能评估法。其侧重于衡量长期综合效果的评价，对网络广告所产生的效果的不同层面赋予权重，用以得到不同角度的评估结论。如：

有效传播用户 =（访问用户 - 访问用户 $\times A_0$） $\times A_1$ + 转化用户 $\times A_2$

其中 A_0 为访问用户与转化用户之间的重复系数，A_1 为访问用户系数，A_2 为转化用户系数。

（2）耦合转化贡献率评估法。耦合转化贡献率评估法是表示实际转化次数相对于预期转化次数的变化率，其来源于根据购买次数和点击次数的经验比例数值所估算得出的购买转化次数与实际转化次数的差别。

4.3.6 网络广告活动的决策步骤

在企业广告宣传活动中，网络广告方式仅仅是为其提供了可供选择的选项。网络广告活动中的决策步骤与传统广告活动决策步骤相同，需要经历前期定位、中期维护和后期调整三个基本环节。另外，网络的高度互动性特点决定了网络广告不仅仅是提供信息发布与创意展示的平台，网络广告对于广告回应度的诉求更高。网络广告活动决策的过程中，需要遵循特定的要求。

1. 网络广告的目标及目标群体的选定

网络广告的目标及目标群体的选定是网络广告发布的基准点，前者释义了企业在不同发展时期对不同广告目标的诉求，后者释义了要求哪些群体、哪个阶层以及哪个区域的受众接收网络广告的信息。网络传播发展趋势之一就是分众传播，精确选择受众能够提高广告的效果。以购买行为为导向的 AIDA 法则是决定网络广告目标的常用法则。

A 是“注意”（Attention）。可理解为邀请，指消费者在电脑屏幕上对广告进行阅读或观看，产生对广告主的产品或品牌的基本认知和了解。

I 是“兴趣”（Interest）。网络广告受众接收到广告主所传达的信息之后，对标的产品或品牌产生兴趣，进一步对产品及品牌本身及相关类型进行了解，点击广告或通过链接进入官方主页或相关活动网页。

D 是“欲望”（Desire）。对商品或服务的欲望是对兴趣的深层次延展，受众会由粗浅了解变为仔细阅读，甚至在相关的网页中留下多处阅读记录。

A 是“行动”（Action）。其是将网络虚拟活动转化为实际行为的过程，例如在线注册、填写问卷参加抽奖或者在线购买等行为。

2. 网络广告创意传播策略选择

网络广告创意传播策略选择是网络广告至关重要的一个环节，策划极具魅力和表现水平的广告创意从而达到营销目标，则是重中之重。简单来说，广告的创意实际上就是好的点子，可以是内容、形式、视觉表现的广告创意，也可以是利用网媒的高科技特性的技术创新。特别是在线社区、网络游戏等新型网媒的加入，使得网络广告的策划可供选择的机会更多。

(1) 网络广告的核心是互动性体验。

互动性创意的目的就是要给受众传达一种体验，一次良好的造访经历。这种新型的营销模式，使得消费者不但能够浏览产品信息，还可以通过图形、声音，进行实时、多次和持续的互动。受众可以根据自己的喜好和个性，甄别广告信息，选择接受哪些广告信息、不接受哪些广告信息，达到单纯告知型广告向互动产品比较的转移。这是受众自发的心理驱动下的选择，因此最重要的是设计让受众在传播过程中可以参与进来的活动，如植入性广告、网络游戏，将娱乐元素融入商品品牌，容易获得消费者的认同感和好感，更能激发受众的购买欲望。

(2) 网络广告的灵魂是情感诉求。

情感诉求是从消费者心理着手，通过极富人情味的广告诉求方式，采用比喻、夸张等手法，去激发消费者的情绪、情感，满足消费者的心理需求，从而影响消费者对产品的印象，使之萌发购买动机，转化为购买行为。广告主需要从消费者的利益着想，以情感化的语言、背景、气氛激发消费者需求的兴奋点，将产品情感化，与某类需求密切相连，使得客户在感受到这种情感的时候就想到这种产品。如南山芝麻糊的广告画面上出现的爱怜的母亲给小男孩添了一勺芝麻糊，并轻轻地抹去他脸上的残糊，寓示着“一缕浓香，一缕温暖”。与此同时，满足受众的精神需求，增加产品的心理附加值。除此之外，“晕轮效应”、暗示和倡导流行同样是常常使用的情感诉求策略。总之，在广告的创意过程中，通过制造情绪来提示广告主题，渲染一种温情的氛围，容易使受众产生情感上的共鸣。这种由情感诱发的购买欲望，常常比单纯的功能性需求更强烈，因此更能产生促进销售的效果。

(3) 网络广告的途径是口碑传播。

口碑传播是指一个具有感知信息的非商业传播者和接收者关于产品、品牌、组织和服务的非正式的人际传播。中国网民数量众多，已经形成了一个巨大的群组圈子，这个群体之间的互动交流十分频繁。所以广告传播要想取得良好的效果，最好就是要设置议程，创造话题，使广大网友对其进行讨论。同时利用网站管理者、在线社区的版主等意见领袖对话题的讨论进行积极的正面引导。企业利用这种方式容易获得良好的品牌口碑，获得更高的曝光率，从而刺激营业业绩的增长。

网络广告创意及策略选择是一个众多因素综合平衡、协调选择的策划体系，其复杂性是不言而喻的，需要互动性体验、情感诉求和口碑传播等几个方面的相互配合，从而取得良好的传播效果。

3．网络广告发布渠道及方式选择

网络广告发布的渠道和方式众多，各有长短，企业应该根据自身的条件和目标，选择网络广告发布的渠道和方式。在选择的过程中，还需要注意运用多种形式，打破现有强迫性网络广告的桎梏，慎重使用弹出式广告，提高网络广告的“隐性”度。平衡使用大型门户网站和小型网站，充分利用大型门户网站资源丰富以及小型网站专业性传播效果。从营销信息传播的角度来看，主页、邮件、BBS、新闻组、专业网站数据库、聊天室、网络传真等都成了网络广告信息的承载者。

根据调查，70%以上中国网民都是处在20～30岁的年龄层次，这使得网络广告有了一个可以实现精确定位的受众群体，所以在选择定位的时候，考虑企业的产品是面向哪一类客户，以便因地制宜地在合适的网站发布广告，对于媒体的选择，要看企业的广告目的、策略，尽量使媒体平台的受众范围与目标受众重合，选择对口的媒体，增强受众对广告选择性浏览、记忆的效果。同时，需要选择收费相对低廉的网站以减少费用的支出。

4．网络广告效果评估

依托上文所提供的单一指标评估法或综合指标评估法对网络广告的浏览量、点击率以及实际网上注册率等指标进行定量分析。同时，还要运用新技术，追踪用户兴趣，分析其浏览广告的时间和地理分布，甚至可得到更为详细的受众资料，并进行定性分析。广告主可以根据这些统计数据评估广告的营销效果。同时，由于网络广告具有即时发布的特点，广告主可以根据广告效果评估随时调整自己的广告内容、形式及发布计划。

实践证明，提高网络广告效果对网络广告的发展和增强企业品牌知名度等各方面都会产生极大的影响。正确规划以及有效运用网络媒体进行宣传，促进网络广告的发展，是检验和提高网络广告效果的意义。

4.4 实验内容

（1）选取若干个国内外较优秀的电子商务网站，总结四大门户网站、电子商务网站网络广告的发展现状，对比其在网络广告领域具备的优势和劣势。

（2）对选取的电子商务网站进行内容分析，充分了解网络广告的目标、形式、投放、互联、风格、效果等，并作出分析和评价。

（3）选取某家优秀企业或者某种产品及服务作为研究对象，对比其不同的网络广告投放渠道。

（4）针对某企业制订网络广告方案，并对采取不同平台的网络广告效果进行评估，最终形成网络广告策划书。

网络广告策划书模板

一、广告目标

二、广告时间

（一）广告活动的开始时间

（二）广告活动的持续时间

（三）广告活动的结束时间

三、广告的目标市场

四、广告的诉求对象

五、广告的诉求重点

六、广告表现

（一）广告的主题

（二）广告的创意

七、广告发布计划

（一）广告发布的媒介

（二）各媒介的广告规格

（三）广告媒介发布排期表

八、广告费用预算

（一）广告的策划创意费用

（二）广告设计费用

（三）广告制作费用

（四）广告媒介费用

（五）其他活动所需要的费用

（六）费用总额

九、广告效果的预测

（一）广告主题测试

（二）广告创意测试

（三）广告文案测试

（四）广告作品测试

十、广告效果的监控

（一）广告媒介发布的监控

（二）广告效果的测定

4.5 实验练习与思考

4.5.1 实验练习案例背景

以小组为单位，在第四章选取的主题的基础上，采用网络广告的方法对已有站点或服务进行宣传，既可以是某个产品、业务或者自己的兴趣点，也可以是关联内容的宣传。

4.5.2 实验要求

（1）根据已选网络广告营销目标，确定合适的期望反应和广告活动主题。

（2）对不同网络广告平台进行评估，选择 1 ~ 2 个网络广告平台作为站点及服务的投放渠道，并确定最具有广告效果的广告形式。

（3）设计广告文字、配图，并灵活配合相关活动形式。

（4）收集访客的相关信息、地址以及意见。

（5）对采取不同平台的网络广告效果进行评估，最终形成完整的网络广告策划方案。

5 博客营销推广

5.1 实验目的

“博客”这一概念最初在2002年被引入中国后，仅仅用了五年的时间就积累了一亿个网民注册博客空间。博客强大的聚合效应和反映市场情报的功能使得其成为网络营销领域的新宠儿，越来越多的企业选择博客营销。其推动了国内外网媒对博客应用的新型探索，多元化、多角度博客形式逐渐涌现。本实验的目的在于让学生了解企业博客营销的基本形式，并针对既定的企业背景，作出合理的博客营销应用策略。

5.2 实验要求

(1) 了解企业博客的使用范围；

(2) 理解博客营销的基本流程；

(3) 理解博客营销的基本技巧及需要注意的问题；

(4) 针对实验背景，选择适合的营销平台并进行博客营销活动策划。

5.3 实验理论基础

5.3.1 博客内涵及特征

1. 博客的内涵

博客（Weblog），又称为网络日志、部落格或部落阁等。其产生晚于论坛，早于SNS（社交网络服务）和微博，综合了多种原有的网络表现方式。作为一种仍处于蓬勃发展阶段的新生事物，尚不能用一个统一的标准定义去概括它。虽然百度百科、“网络翻译家”、“市场术语”都对博客有不同角度的定义，但由博客的呈现形式来看，博客可以定义为由个人管理，不定期张贴新的文章、图片、音频、视频等内容的一种网络媒体工具。

大部分博客是以文字为主，传播个人思想、观念、知识的互动媒体。

博客一般分为三种形式：一是具有独立域名，属于自建独立网页的博客，拥有自己的域名、空间和页面风格；二是官网子栏目，又称为附属博客，即将自己的博客作为某一个网站的一部分，如当当网上的博客选项；三是第三方平台，又称托管博客，在既定的博客空间免费注册申请，如新浪博客、搜狐博客、和讯博客、博客大巴等。三种形式的博客平台的优劣势比较如下表所示。

博客平台优劣势比较

	独立域名	官网子栏目	第三方平台
优势	能够灵活控制页面外观、布局、栏目及其他功能等	以官网为载体，容易带入访问流量，获得关注	具备零成本、操作维护容易的特点，符合主流受众的诉求
劣势	需要一定的维护成本，长期推广难度大	范围较为局限，可变动空间不大，阻碍长期推广	对于有特色要求的企业而言，发挥空间不大

2. 博客的特征

博客是继 E-mail、BBS、IM 之后出现的第四种网络交流方式，其结合了传统的个人传播和大众传播模式，以博客和博客圈为中心，为博客传播的受众提供了多样性的选择。共享精神和交流需求是博客发展的两大核心支柱，博客代表了一种新的学习方式、生活方式和工作方式。与常用的网络营销信息发布媒介相比，博客具有以下特征：

（1）简易性。操作简单是博客发展的主要推动力，其省略了设立和维护网站的申请域名、建立托管空间、网站维护的步骤。仅仅需要简便的博客软件，就能够以需求为导向发表博文。其简易性体现于申请和管理两大方面。一方面，正如众多博客托管商所号称的“傻瓜式”注册，只需要简单的邮箱认证和昵称设定，就能够轻松拥有博客账号；另一方面，博客管理需要进入博客管理平台进行模板选择、设置参数、管理日志、添加日志、发表日志以及预览主页，完成 6 步就开启了博客之旅。除此之外，各个模块选项的灵活选择也保证了这种简易操作的价值。

（2）个性化。个性化是博客价值创造的原动力。博客空间给予博主充分自由，博主能够在不违反国家法律法规的前提下，传播自己的思想和观点，从而带动同类事情和话题的声音浪潮。博主们用自己的眼光发现新闻性事件，不再局限于传统媒体的框架设置和报道风格。在内容的个性化以外，博主还可以自主定位博客界面、字体颜色以及动感元素。所以博客是真正意义上的个性媒体。

（3）交互性。博客颠覆了传统“点对面”的传播方式，实现了“点对点”以至“网对网”的传播方式，由网站社区、博客以及其他相关链接构成，融合了人内传播、人际传播、群体传播以及大众传播四种传播方式。博客中的评论、留言、回复、加为好友具有极为出色的交流功能，使博客突破了普通日记自说自话的封闭，达到了与他人交流的效果。单个博主作为传播主体，积极投入信息的收集和辨析工作之中，在他人博客上自由地发表观点和意见。信息的发布者和信息的接受者的双重身份，极大地提高了个体的社会参与程度，人们的群体意识和自主意识得到发挥。

（4）开放性。博客的开放性特征源于网络的连接性，其突破了私人空间的范畴。“零门槛”（即“零编辑、零技术、零体制、零成本、零形式”）的网上个人发布信息的方式，使得个人性和社会性相结合。博客集信息的接收者、发布者与传播者于一身，各种意见可在此充分整合。通过博客这种新的网络信息传递形态，每个人都可以将自己的思想感情、价值取向、有趣的经历、智慧的创作、收藏的资料，用最简洁的方式表达出来，和所有人分享，而它的传播范围是全球的。在媒介领域，博客的出现无论是对作者、内容还是读者都是十分重要的。

3. 博客的发展历程

1993年6月，万维网的发明人蒂姆·贝纳斯—李（Tim Berners-Lee）开设的第一个网站“http：//info. cern. ch”对各类网站进行罗列，创建了最古老的博客原型。其后的1993年到1996年间，Justin Hall的“Justin's Home Page”形成了博客网站的雏形。有学者把这些称为博客的“史前时期”，博客真正的历史可以从20世纪90年代中后期开始梳理为三个阶段：

（1）第一阶段（20世纪90年代中期到90年代末期）：启蒙阶段。

这个阶段是博客的启蒙阶段，新事物的创立，往往是新锐人物的不经意之举，博客的启蒙也同理。关于博客的源头，存在很多争议，有人说1994年Justin Hall声名狼藉的“网上日记”是早期的博客形式，Hall通过在网上分享吸毒、混乱生活的体验，冲击了大众的眼球。又有人说，1998年Jesse James Garrett在Camworld上发布的网络旅行日记，是星星之火，促使博客成为一种新的潮流。但更为得到大家认同的是Pyra软件公司的三个创始人开发的“群体”软件，以博客的形式保持彼此的沟通与协同。但无论从社会影响力还是使用群体而言，这个时期的博客都没有激起千层浪。这一时期的博客仅仅是一批IT技术迷、网站设计者和新闻爱好者不自觉、无理论体系的个人自发行为。不过即便如此，事件和人物起到了非常关键的启蒙与带头作用，为博客发展奠定了基础。

（2）第二阶段（2000—2006 年）：崛起阶段。

在博客发展史上，“9·11”事件是一个历史性的事件。其促使人们对于生命、沟通进行重新的认识，战争博客也因此繁荣起来。诸如此类的博客开始成千上万地涌现出来，目击陈述、媒体摘录和声明、事件反思出现在博客空间的任何一个角落。同时，各个专业领域的博客如雨后春笋般涌现，越来越成为该专业关注的焦点。2004 年美国博客得到了爆发性的成长，英国、匈牙利、德国等欧洲国家的博客已成声势。亚洲包括中国也开始感受到博客的脉动。

（3）第三阶段（2006 年至今）：发展阶段。

从 2006 年开始，博客作为一种新媒体现象，影响力逐渐向传统媒体靠拢。

上述三个阶段是目前公认的对全球博客发展阶段的简单划分。与所有的网络革命一样，博客在中国的发展总是存在一定的滞后性。2002 年 8 月，以方兴东、王俊秀开通博客中国（Blogchina）网站为标志，才开始了博客在中国的全面启蒙和启动。此时，博客的用户还不到 1 万人。2003 年 3 月，博客开始在高校迅速发展，时年南开大学百合博客系统开通，中国科技大学博客进入测试阶段。而让博客真正进入中国公众的视野中，当属“木子美性爱博客事件”，其给中文博客网站带来了巨大的访问量。2003 年可谓是中国博客的发展年，用户激增至 20 万人。从 2004 年开始，网易、新浪、腾讯、天涯等知名网站开始推出专属博客，隔年博客开始呈现从精英向网民全面普及之势。虽然博客在中国的发展时间不长，但是其成长速度是惊人的。随着应用技术的推陈出新，博客逐渐成为个体和群体之间的沟通工具。

5.3.2 博客营销的内涵与价值

1. 博客营销的内涵

什么是博客营销？顾名思义，博客营销是以博客作为载体的营销活动。那么博客营销是否就是“博客 + 营销”这么简单呢？严格来说，广义上的博客是“一种表达个人思想的网络链接，内容按照时间顺序排列，并且不断更新的出版方式”。博主只要通过极简单的操作建立、更新、编辑自己的网上日记本都算作博客的范畴，至于它会给读者带来什么样的感受、是否会增加阅读浏览量、是否有人愿意分享就不是博主书写时所考虑的目标。但是，真正的博客营销是以原创内容为核心，通过专业化的内容吸引、培育忠实的读者，在读者群中建设信任度、权威度，形成个人品牌，对其思维以及行动施加影响的一种营销方式。

2. 博客营销的价值

（1）直接带来潜在的用户。

将企业的背景资料、经营范围、产品信息通过精准的原创策划包装，发布在专业的博客网站、大型门户网站或博客托管网站上，吸引大量的潜在用户浏览，从而达到向潜在用户传递营销信息的效果。原创的形式能够增加搜索引擎的可见性，从而带动企业的收录和 PR 值的提升，从而达到增加访问量的目的。相对于传统的“强势公关”，博客站在中立的角度，以陈述的语气为访客提供信息、探讨问题，营造隐性公关效果，在潜移默化中对访客产生思想上的影响，构造特有的公共关系网络。基于平台效应、搜索引擎可见性以及隐性公关带来潜在客户，是博客营销最直接的价值体现。

（2）深度塑造品牌或企业形象。

博客能够成为企业网站内容的有力补充，特别是当企业网站内容单一、访问量较低的时候。在博客中发表博文作为自身网站的有价值的链接，其结果不仅可以带来直接的访问量，也有利于提高网站在搜索引擎中的排名，能够提高企业网站的影响力。另外，博客较企业网站形式、内容更加多样，将博客通过绑定新浪微博，自动同步到微博、社会化媒体，或者通过投稿到排行榜和既定圈子里，又或者通过与等级相近的博客交换链接，能够扩大博文的曝光率和覆盖面。通过 RSS 输出，将博客的订阅地址放到自己喜欢的阅读器上面，可以获得互动的浏览量。

（3）培养与保持客户群体。

博客是一个相对宽松的空间，博客内容的实时性、连续性的特质，能够牢牢抓住对博文有较强兴趣的群体，达到保持现有客户的目的。据统计，企业利润的 90% 来源于老客户，发展新客户是老客户成本的 5 倍，培养和保持老客户能够直接降低维持客户的成本。此外，博客的外延很广泛，且博客推广有针对性，能够降低获得客户的边际成本。博客保持良好客户关系的费用近乎为零，对于小规模商户而言，也不失为一种性价比高的营销手段。

（4）实现多项功能，降低成本费用。

博客除了能够通过分享链接来起到扩大传播范围的目的之外，还可利用相关在线调查的链接，将访问和调查结合在一起，扩大调查表的投放范围，更加突出问卷调查群体的针对性。与此同时，在博客中直接就调查问题与访问者进行交流，将使得在线调查更有交互性。这样一来，达到了提高在线调查的效果和降低调查研究费用的双重目标。另外，企业可以利用博客征询某一新产品的用户使用意见，这样不但有利于新产品的推广和完善，产品开发的生产成本和隐性成本也将有所节约。博客在技术上较好地融合了搜索引擎技术，企业在博客上投放的产品信息在被搜索引擎收录后所带来的免费宣传效果可以减少相当一部分广告费用，并且效果不逊于其他媒体广告。博客有别于官方网站，用于发布关于产品、服务、网站的新动态，包括新品上市、促销打折、网站新功能等；博客为企业的广告宣传提供结构化补充，从而节省广告费用开支。此外，博客还可用于展示企业文化、员工的面貌和风采、员工关怀与培训、良好的办公环境等，使得消费者感受到企业的正面和美好。博客还是企业应对公关危机，发表观点、立场的最佳渠道之一，相对于微博而言更加系统，回应力度上更强于微博。

5.3.3 博客营销推广的方法

1. 博客营销的技巧

博客营销技巧主要包括博客文章书写技巧和博客流量提升技巧两方面。

博客文章书写技巧包括以下四方面：

（1）标题关键词化。正所谓好的标题是文章成功的一半，标题的拟定既要能反映博文的主要内容，提取或添加品牌、产品以及服务的关键词，增加关键词，提高搜索率，又要能通过灵活的、有联想空间的方式吸引访客的注意力，比如运用热门书籍的标题、谐音词汇等。

（2）开头精彩化。博文开头要精彩、具有趣味点。可以通过借鉴名人名言、摘录热门文章中心点或者是变换流行书籍的题目，来吸引读者阅读全文。

（3）文章内容故事化及实用化。西方谚语有说："好奇害死猫。"每个人总能被对新鲜事物的好奇心所引导。文章内容的故事化，就是从公司内部挖掘获得故事素材，通过曝光产品与服务相关的幕后故事，展示终端产品与服务看不见的东西，来塑造受众的感性认识。另外，文章内容的实用化，是向大众提供专业、有价值的信息与指导（如售后指导等），且尽量采用客观的态度、对比的手法，获取客户的认同感。

（4）博文系列化。博客营销的效果通常不是立竿见影的，需要长期不懈的努力。因此在博文的写作中，要坚持连载、更新系列专题（如营养专题、股票专题等），使得博文内容抑扬顿挫，扩大其影响力。

博客流量提升技巧包括以下三方面：

（1）发布文章频率均衡。文章发布频率的均衡，针对支柱文章和普通文章。支柱文章一般是指篇幅、结构合理，并且能够吸引广大潜在读者眼球的文章。其可以是资源的汇总名单、做某件事的详细教程、专业领域内解决某个常见问题的方法，剖析热点话题，深入分析本质，提出新颖观点。更加深层次的内容包括品牌、精神、内涵以及价值取向的相关文章，行业内的观察与思考，视野开阔的国内外的最新行业发展，对热点事件与人物的关注，这是进行深度营销、影响高端受众的主要方式。以周或者月为单位发布相关支柱文章，容易带来新读者。另外，为了保持博客内容的丰富性、持续性，需要在博客中例行发布普通文章。普通文章可以是转载其他博客的文章、对于某件事发表看法、以博主的角度给读者讲述一件事，或者对读者提出问题，旨在发起一次讨论，文内突出你发现的对读者有用的新资源或者新技巧。从博客推广和带来新读者的角度看，支柱文章和普通文章的间隔发表能够带来意想不到的效果。

（2）定时进行网络社交活动。网络社交活动是相当重要的，尤其是在博客刚刚起步的时候，每天分隔出固定的时间进行网络社交活动十分有必要。网络社交活动既包括与用户的互动，也包括与其他博主的互动。与用户的互动，例如通过简单的抢沙发、限时问答的方式，增加浏览博客人数，积累受众群体。与博主的互动，包括用自己的视角评论其他博客，链接相关领域内有影响力的博文，利用 E-mail、IM 或者 Twitter 与博客们互动，能够建立博主之间的友好关系，为交换链接互相分享提供情感基础。同时，扬长避短，扩大自己的知识面，也能获得更多的博客书写素材。

（3）综合使用多种推广渠道。博客与多种社区平台都存在密切的联系，以分享的方式扩大博文传播范围，通过同步到微博、社会化媒体，采用自动模式与相关账户绑定，每篇博文完成后都设置相应的链接，通过分享功能进行分享实现。以投稿的方式增加曝光率，有针对性地选择投稿到排行榜和圈子，获得被推荐的机会后，即可获得曝光。以评论的方式带来反向阅读量，选择有人气、有威望的博客和圈子访问与评论，留下带有个人简介的评论，以期得到反向阅读量。以交换链接和订阅的方式获得访问量，挑选与自己博客等级相近的博客以及高质量的博客交换链接，采用基础组件中“订阅我的博客”功能，鼓励订阅。通过 RSS 输出，将博客的订阅地址放到自己喜欢的阅读器上面，可以获得互动的浏览量。

2. 博客营销的操作流程

（1）确定博客营销的定位及目标。

博客的受众范围、内容以及撰写主体是博客营销定位的基本问题。博客的受众范围包括三大层次：已经购买的客户、潜在客户以及暂时没有交集的客户。维护已购买客户，挖掘潜在客户，影响暂时没有交集的客户是博客受众推广的三个原则。这决定了博客书写内容是知识性的、文化性的还是服务性的问题。通常情况下，博客由高管、公司专员、集体供稿以及外包公司等形式完成。确定博客营销的定位后，必须制订执行目标、监控目标规划，以及执行计划的重要内容，包括博客发表的周期、写作领域的选择、互访博客、回复与互动、统计分析等。由于博客写作内容具有很大的灵活性，执行计划的制订和修改应该根据时间段内博客实际运行情况进行调整。但需要把握友好性、连续性以及内容性三个原则。监控目标规划包括访问量、阅读数、评论数、转载数、来源分析等。

(2) 选择合适的博客平台。

从事博客营销的企业，既可以选择构建独立域名，设立内部员工标准化的发布模式，起到宣传推广作用，也可以选择适合本企业的博客营销平台。这些都取决于企业自身的条件、成本与收益的匹配关系、既定产品的目标群体的定位、受众群体大小等相关因素。一般来说，首选人气旺、搜索权重高、推广便利的综合类博客平台，常见的有新浪博客、网易博客、搜狐博客、凤凰博客、和讯博客、百度空间等。在有特定精准目标人群的营销活动中，可考虑行业垂直类博客平台，如瑞丽女人博客（女性形象行业）、沪江网博客（外语教育行业）、搜房网博客（房地产行业）。另外，专业的博客服务托管商（如博客大巴、博客中国等）同样也在选择范围内，但由于这是小众平台，需慎重考虑。如果有必要，也可以选择在多类博客网站上创建账户，但在综合类和垂直类营销平台上，开设账户的数量最好不要超过三个，否则不利于博客的维护。

(3) 博客运行维护。

博客的主要作用在于传递企业信息，因此其灵魂在于博客呈现的内容。内容书写过程往往容易落入一些误区，从而沦落为传统门户网站的功能。故而，在实际操作中应该把握一些原则，如注重原创内容，就会容易被收录，最大限度发挥营销作用；平衡个人观点与企业立场的关系，一方面符合企业营销需求，另一方面又要保持个性特色，注意及时调整，有意识地平衡；坚持长期更新与维护，把握原创性、客观性以及长期性，才能有效地传递企业的信息，创建良好的博客环境。另外，博客营销是企业营销的一部分，通过将博文与其他营销资源相结合，能够产生良好的互动反应。

(4) 评估博客营销效果。

有必要对博客营销效果进行跟踪评价，对访问量、阅读数、评论数、转载数、来源分析等重要指标进行统计，并根据发现的问题调整博客计划，发挥博客营销在企业营销战略体系中的作用。

5.4 实验内容

以下实验操作内容均以新浪博客作为操作蓝本。

1. 创建博客

第一步，选择合适的博客平台，阅读相关协议；

第二步，注册博客账号，如图 5－1 所示。

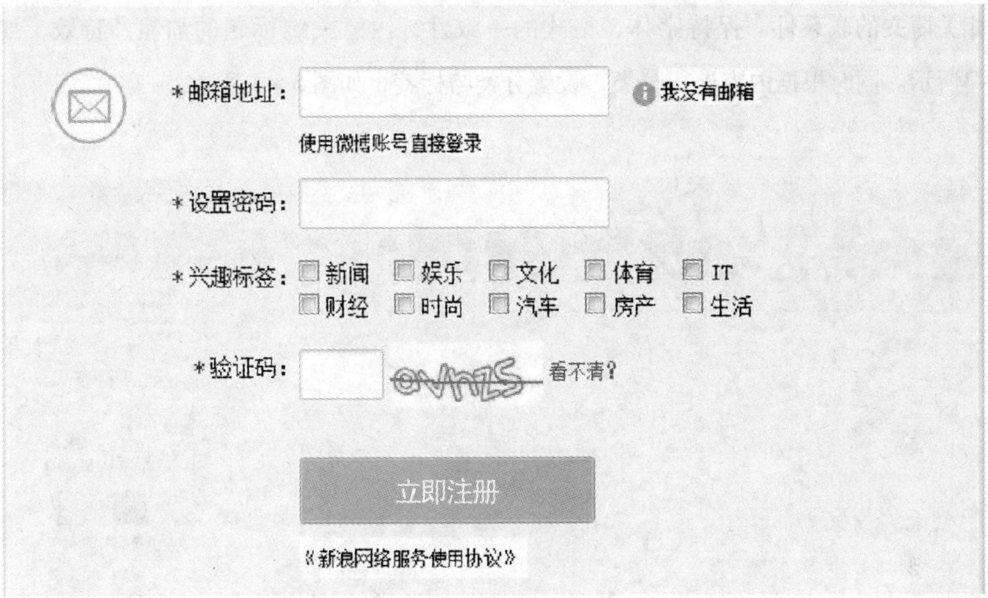

图 5－1 博客注册界面

2. 博客名称、属性以及页面设计

第一步，确定博客的名称及头像。由于博客用于既定的企业产品和服务的推广，故而，企业博客名称和图片应该具有品牌、企业或网站的标识性的信息。

第二步，撰写博客简介和概况。要言简意赅地表述博客营销的主要目的、关键词。

第三步，页面模板设计。可以选择博客自带的模板背景，也可以打造官方概念自定义模板背景，同时注重有效使用多媒体资源（图片、视频以及音频），使得顾客对产品及服务具有全方位的了解。为了增加博客的外延性，通过超链接全面链接企业资源。如图 5－2 所示。

图 5－2 博客界面——页面模板设计

3. 添加博客内容

采用图文并茂的呈现形式，使得博文内容生动、直观。适当加入超链接，增加博客和相关博文的联系性。保持字体、格式的一致性，注意关键标题的加粗、特效，如图 5－3所示。同时根据内容进行分类，设置分类与标签，如图 5－4 所示。

图 5－3 博客发信界面（1）

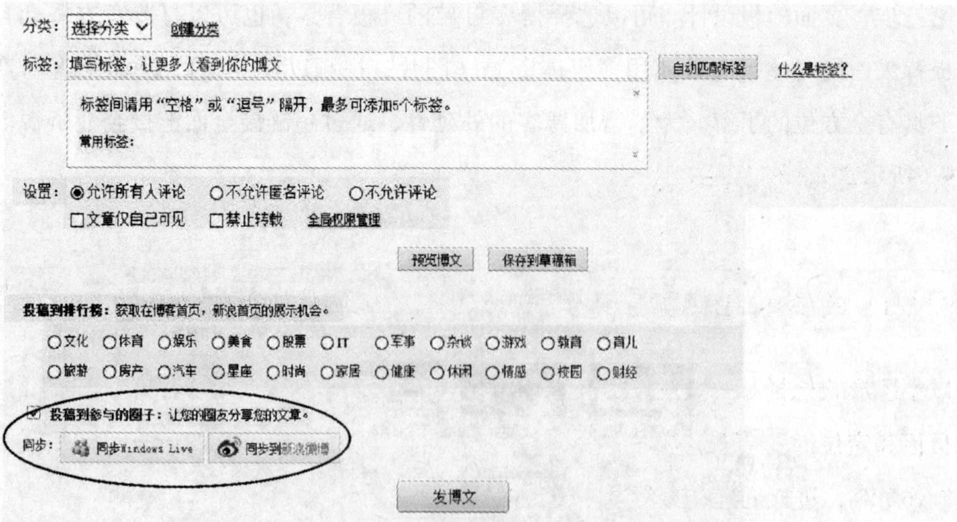

图 5－4 博客发信界面（2）

4. 数据的分析

与博客相关的数据统计主要有两个来源：一是单篇文章的访问量、评论数、阅读数以及转载数量，这可以从单篇博文右下角的相关栏目中体现；二是对博客总体的访客及来源分析，如图 5 -5 所示。通过上述数据的统计，就能对博客访问量与人气、单篇文章的吸引程度、单篇文章的质量与话题性、单篇文章的传播性、博客受众范围以及传播的频率等方面进行评估。

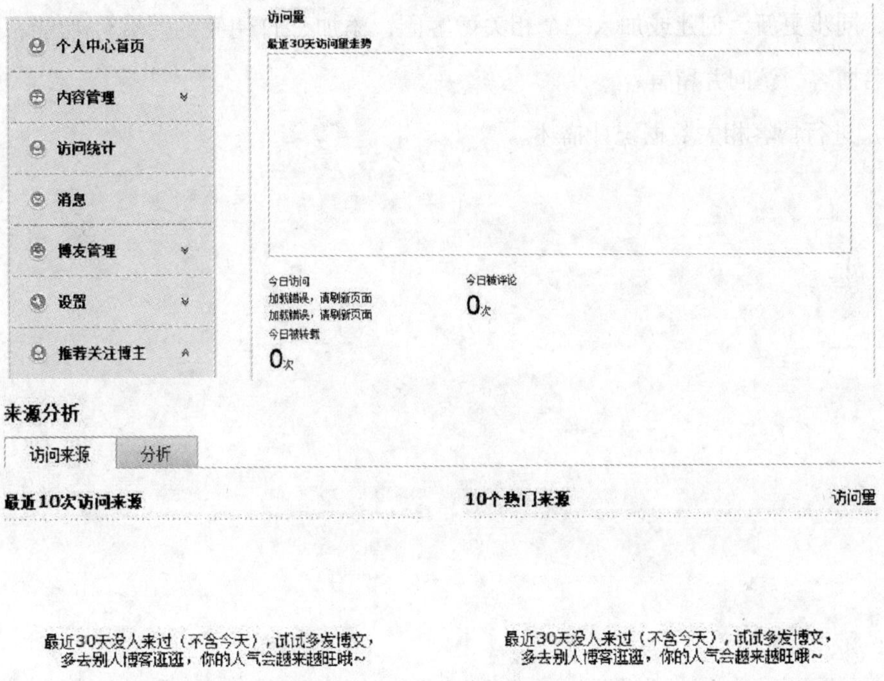

图 5 -5　博客界面——访问统计

5.5　实验练习与思考

5.5.1　实验练习内容

以小组形式选择某一企业作为蓝本，采用博客营销的方法对其进行推广。在分析其营销目标和定位的基础上，撰写并实施博客营销推广项目策划方案。在课堂上以截图为素材制作 PPT，进行展示，分析思路与过程，并进行讨论。

5.5.2 实验练习要求

（1）针对案例背景，合理定位博客，采用匹配博客营销目标与推广网站营销需求的方式，制订相应的博客营销推广项目策划方案；

（2）创建博客（平台不限，最好是新浪博客），进行博客名称与头像的设定，设置博客账号的简介、分类；

（3）维护博客空间，发布不少于5篇与营销主题相关的博文，整合外部资源绑定微博账号，同步更新，创建或加入一个相关博客圈，添加“订阅我的博客”功能，选取同行业知名博客，访问并留言；

（4）进行博客相关数据统计描述。

6 微博营销推广

6.1 实验目的

2010 年四大门户网站开设微博后，微博迅速成长为最流行的互联网媒体，仅一年半就集聚了 1 亿用户，宣告进入微博时代。发展到 1 亿用户，同比之下 QQ 花了 4 年，电子邮件花了 8 年。简短实时信息广播的形式，使得微博发布信息快速，信息传播快速成为其最主要的特征，越来越多的企业通过更新自己的微博向受众传播企业信息、产品信息，并树立良好的企业和产品形象。本实验的目的在于让学生领会微博营销的特点和价值，通过运用微博营销策划的基本方法，合理展开微博营销活动。

6.2 实验要求

（1）理解微博的特点和营销价值；

（2）掌握微博营销策划的基本方法，作出定位分析、营销目标分析以及内容规划；

（3）掌握微博营销的内容策略、互动策略和管理策略，并合理使用营销技巧；

（4）能够根据营销需求创建微博，并进行微博的基本操作。

6.3 实验理论基础

6.3.1 微博的含义与功能

1. 微博的含义

微博是微型博客（MicroBlog）的简称，是一个基于 Web2.0 技术，用户通过 Web、Wap 等形式的各种客户端组建个人社区，并实现即时分享，进行用户关系信息分享、传播以及获取的平台。微博被定位为分享简短实时信息广播的社交网络平台，能够适应人们即时表达思想情感的需求。一种更为形象的表述是："微博是每个人的舞台，每个人都在‘现场直播’。”与其他的社交工具不同，微博有其特定的术语，如“织围脖”、“互粉”、“上墙”等。微博可以用单向或者双向的方式进行关注，用户通过“转发”、“@”、“#”等形式引起其他用户的关注，内容长度通常为140字，浏览没有局限性，只要拥有微博即可获取微博上的全部信息。

影响力最大、出现最早的微博当属Twitter，2007年中国第一家带有微博色彩的社交网站饭否网开张，2009年8月新浪网推出“新浪微博”内测版，成为第一家提供微博服务的门户网站，微博正式进入主流人士的视野。随后腾讯微博、搜狐微博以及商务微博等如雨后春笋般涌现，国内微博迎来春天，其中，新浪微博与腾讯微博最具代表性。目前微博作为一种分享和交流平台，引领了网络热词、网络热议的潮流，集中了传媒行业最前沿、最具关注度的话题。

按照不同的标准，微博可以划分为不同的类别。按微博内容来源区分，可以分为原创微博、转载微博以及二者兼有的微博；按汇聚方式区分，可以分为个人微博和群体微博；按微博内容区分，可以分为记录个人感情和生活为主的微博、新闻信息纪实的微博以及专业知识微博；按博主知名度、美誉度以及受欢迎程度划分，有精英微博、草根微博、综合性微博等；按照用户类型划分，有个人微博和企业微博，而企业微博又包括业务微博、员工微博和管理者微博；按照地域划分，有同城微博和异地微博。随着媒介技术的不断成熟和发展，微博还将不断分化出不同的新类型。

由于微博特殊的定位和发布方式，使得其显现出多媒体性、及时性、互动性、低成本性以及便捷性的特点。多媒体性，表现在借助多媒体的技术手段，以文字、图片、视频等表现形式对产品和服务进行全面的描述，使微博用户更形象、更直接地了解内容；及时性，是指产生的微博能够迅速在互联网及与互联网相关联的手机Wap平台上得到传播，使得短时间内得到最多的关注人数；互动性，是指用户能够通过微博自发地表达意见并作出个性化的反馈，特别体现在企业的微博营销过程中；低成本性，突出表现在相对于企业网站、网络广告的信息传播的成本较低，既不需要投入大量的资金进行开发和推广，也不需要投入专职人员进行管理和维护；便捷性，体现在其对技术性要求较低，从注册、认证、信息发布到回复等功能都已经形成程序化的操作体系，普通操作人员即可通过电脑、手机随时随地发布信息，可以节省大量的时间和成本。具体到与特定社交工具例如博客的比较，微博在传播性、互动性以及渠道作用等方面也有显著的优势，如表6-1所示。

表6-1 微博与博客的比较

	微博	博客
信息表现方式	短小精炼、多媒体	相对比较长，以文字为主
传播性	速度快、范围广、重时效	速度相对慢，范围有限，长期关注
互动性	强	相对弱
渠道作用	适合病毒式营销	深度营销
操作难度	低	相对高（原创文章）
营销效果	短时间可显现	需要长时间显现

2. 微博的功能

微博引发了一场名为“微革命”的营销革命，被誉为整合营销传播的天然平台和“病毒式营销”的理想工具、管理客户关系的助手。其多媒体性、及时性、互动性、低成本性以及便捷性的特征，赋予了它在品牌推广、公关传播等多方面的功能。企业如果能够综合使用微博功能，就能为企业赢得更大的价值回报。

第一，微博能提供即时营销和品牌宣传的平台。

唐·舒尔茨总结了微博营销的五个特征，即关联性、可接受性、反应性、认可性和关系性。正是由于微博具有与用户和服务的关联性、产品和服务的可接受性、迅速的反应速度、广泛的认可度以及与用户密切的关系，其为企业即时营销和品牌宣传提供新平台。

即时营销是微博最基本的功能，它基于微博的即时、有效、精准等特点开展直接销售，这是许多企业喜闻乐见的效果。微博产生销售效果的机理是粉丝关注或浏览企业微博，并对企业微博的内容根据自身的需求作出反应。根据一项关于粉丝心理的调查报告，微博公布信息中最新产品、促销、团购、打折信息和企业品牌、服务信息这两项占比为85%以上。这两大项信息最能引起粉丝的关注，特别是对于企业的潜在消费者，他们更愿意从微博中获取与企业或产品相关的信息。且微博文案采用“软文”形式进行信息推送，微博内容设计具有创意的、故事化的、趣味化的产品信息、促销信息更能被微博用户关注并接受。在现实中，微博带来销售和订单增长的案例也不少，据估算，乐淘网通过微博获得每月上千订单，京东商城在周年庆典时通过微博产生近百万元销售量。

品牌是企业长存的基石以及竞争的核心力量，品牌推广是企业塑造自身和产品品牌形象，从而得到广大消费者认同的系列活动过程。微博具备帮助企业实现品牌信息传递、品牌价值增值的功能，作为企业营销传播的工具，通过合理的方式全面推广品牌文化，强化品牌与消费者之间的沟通，引导消费者深度认识和了解品牌历史、文化和故事，感受品牌文化氛围，从而得到其认可和信任。促使粉丝主动地转发那些已经产生的好的用户评价，这些方式都可以借助微博迅速提高企业的美誉度和信赖度。

第二，微博为企业的市场调研和公关传播提供平台。

在传统的媒体环境中，企业针对自己的产品或服务进行数据收集的成本非常高昂，通过问卷调查、电话调查的形式，从组织到执行需要耗费很长的时间，而通过专业的网络调查问卷平台，对调查对象进行筛选和问卷制作又需要高昂的资金成本，另外还必须处理与问卷发放方的摩擦。而微博弥补了从企业到消费者的空缺，一方面，企业可以通过微博直接地了解既定群体对产品和服务的感受、需求和心声；另一方面，企业的客户也可以通过微博自主发布、讨论和传播信息，隐性地形成数据，为企业进行营销策划提供参考和依据。

微博不但可以作为市场调查的工具，也为公关传播提供了一个全新的手段。危机公关的关键在于将危机扼杀在萌芽期，危机出现的初始阶段，负面信息快速传播，可靠和权威的观点往往能左右人们的猜测和臆断，这就构成事件的关键点，企业应该抓住这个短暂的时机，迅速介入与相关全体进行直接对话，坦诚地进行沟通。一般来说，采用微博进行危机公关有四个阶段：监测发现危机阶段、初期干预危机阶段、中期化解危机阶段以及后期收尾阶段。近年来，诸如 SK-II 产品含有违禁成分，肯德基食品含有苏丹红、发放虚假优惠券，以及霸王洗发水含有有害化学成分的事件层出不穷，预示着企业在日常运营中面临着极大的风险，而微博在其中起到越来越重要的作用。运用微博进行公关危机处理涌现出不少成功的案例，如霸王洗发水致癌风波、新东方 ETS 危机。特别是霸王洗发水致癌风波，霸王企业在 12 小时内迅速开通新浪官方微博，事件当日就发布 17 条信息。其凭借微博发布信息，将媒体的关注集中到新浪微博上，高效避免了该风波对企业造成进一步负面的影响。霸王企业是在发现风波之后再考虑采用新浪微博化解危机。而“美的惊动了党”事件，则是在监控人员关注到微博热点话题的同时，由美的官方微博“@美的小美”和信息科技公司合作，出面处理危机，进行公共关系管理活动。

第三，微博为企业提供口碑营销和病毒式营销的新渠道。

根据用户口碑传播的原理，微博的聚合性和分享体验为企业进行口碑营销和病毒式营销创造了得天独厚的条件。

微博的发布十分简单，每一句话、每一张图片都能快速通过微博进行传递，每发一次微博是给粉丝展示自己的机会，如果粉丝对内容和形式感兴趣的话，他们就会通过转发的方式，对微博进行二次传播或再次传播。每一次转发都是对企业品牌、产品和服务的一次免费口碑营销，即使粉丝数量不是很大，也可以取得良好的营销效果。在这个过程中，每一个个体都可以成为某个事件上的意见领袖，能对受众的态度和行为造成影响。即使内容的初始发布者和转发者没有直接的交集，他们也可以通过共同的兴趣点展开对话和交流。特别是新浪微博的“@”功能，能够提醒人们注意某条信息，引起意见领袖的注意，其包括名人微博和草根微博，这也是口碑营销和病毒式营销的关键因素。微博内容篇幅有限，能够在短时间内抓住粉丝的眼球，符合快节奏的快餐式阅读，吸引更多人的目光。用户在转发和评论微博的同时，还能够针对相关的服务和产品进行互动，更深刻地了解企业，增加企业的忠诚度。微博由于具备易传播、内容精简以及互动性强的特点，而成为口碑营销和病毒式营销的理想工具。

利用口碑营销和病毒式营销的最典型的案例是“老罗英语培训学校”，老罗学校在四大微博门户网站上都注册了账号，并且拥有一定数量的粉丝。其每发一次微博都能得到许多粉丝的转发和评论，老罗学校从而在短期内获得了很高的知名度，得到了越来越多粉丝的认可。

第四，微博为客户管理提供全新窗口。

在传统媒体时代，大多数企业把媒体作为发布公司产品服务信息的平台，这种传播者主导的信息传播方式，使受众在信息传播过程中处于被动地位，用户难以有机会和窗口与企业进行全面细致的沟通。而微博营销恰恰可以利用即时、双向传递信息的优势，通过投诉意见、咨询解答等方式，进行客户关系管理，并捕捉用户的潜在需求，提高客户满意度，进而提高产品销量。

在微博客户关系管理中，建立客户关系是基础，做好客户关怀是中心，以互动沟通作为维系客户关系和客户关怀的纽带。对于企业而言，用户是最重要的资产和最大的财富。用户不仅仅包括“粉丝”，还包括投来关注的潜在消费者。如果一个企业仅有寥寥无几的关注数，那微博营销工具就毫无意义可言了。与粉丝数量相比，粉丝质量更为重要。在微博爆炸性增长的年代，专业微博“粉丝”营销公司、“刷粉族”等一批专门以增加粉丝数量为目的的公司涌现出来，但是这种哗众取宠式的粉丝增加的虚假现象，并不具备转化为实际产品销售的条件。客户关怀是客户关系管理的中心环节，传统的购买优惠、节日馈赠以及多样化的客户联谊活动被援引到微博当中，微博提供了一个更为即时快捷、互动性强的平台。除了这些以外，微博平台还能给用户带来一些实质性的利益，如发放代金券、打折促销以及赠送礼物，并且通过举办大众性、门槛低的活动，能在短时间内赢得人气，吸引大量的粉丝。互动沟通是维系客户关系和客户关怀的纽带，营销人员通过企业微博与普通用户、顾客、潜在顾客以及意见领袖进行交流和沟通，通过线上或线下的活动、“@”或转发的形式，最终达到增强顾客满意度和忠诚度的目的。尤其是与潜在顾客的互动，能够促使企业充分了解消费者的意见和建议，以便调整推广产品和服务的规划和设计。

综上所述，作为网络营销的重要工具之一，微博集成了众多网络营销工具的核心业务功能，如果企业能够立足自身特点和业务需要，探索和实践微博营销的功能，微博营销一定能为网络营销目标的实现提供有效支持。

6.3.2 微博营销的工具及流程

1. 微博营销工具

微博营销工具包括微矩阵、微聚合、微直播、微舆情、微公关以及微应用。

(1) 微矩阵，即有规划性地建立企业的微博账号群，以实现交叉覆盖。进行规划的标准可以包括企业的运营架构、产品、地理分布等。根据企业具体的运营架构可以分为企业官方微博、企业官方服务中心、企业招聘以及企业市场合作等。其中，企业官方微博主要发布官方动态，企业官方服务中心主要负责接收客户投诉和反馈等售后工作。根据公司的具体产品划分，可根据顾客或者消费者对产品关注度加以具体实施，把微博运营工作下放到公司具体产品部来自行运营。按公司的地理分布划分，可以在微博的后面加上××分公司的后缀，分门别类地根据公司的所属地进行区分。

(2) 微聚合，即将全媒体资源整合，同时将品牌活动网站与企业微博贯穿起来。微聚合的内容来自主流微博平台，选取主流微博平台的有效微博，内容以微博形式展现，保留了微博信息的短小精悍的特点。及时收集微博平台信息，呈现给用户，保证数据的及时性、便捷性，及时删除垃圾信息。

(3) 微直播，即依托于微博，直播新品发布会或线下活动，全方位展示大型活动过程的直播平台。微直播可以立即实现现场与中国 2 亿微博用户之间的互动，又可以链接到相关的博客、论坛、网站，甚至可以与传统电视台形成多媒体交互，是较方便的多终端交互模式。只需一台可以上网的电脑，或者具备 3G 传输功能的 iPad 移动终端，即可实现微直播。在会议现场，链接微博，可直接将画面投影到大会的背板上，就可以实现“演讲者—与会者—微博粉丝”的三方即时互动。微直播也可用于名人与粉丝间互动，如各明星做客微直播，互动娱乐。各种赛事也可使用微直播，如 NBA 等赛事。目前，微直播正深入到政治、经济、文化、娱乐等多个领域。

(4) 微舆情，即通过微博监测，建立舆情互动平台，具体是通过微博留言而引起公众对新近发生的社会现实和各种现象的关心，并形成普遍的共同意见。微舆情的特点与微博的传播方式息息相关，显现出用户草根化、发布快捷以及内容丰富的传播特征。微博作为自媒体，在一定程度上也削弱了主流媒体的话语权，信息发布和传播不再依赖于传统专业媒体，个人可以成为信息发布传播的主角，凸显了草根性与平民化。微博的发布简短快捷，而且阅读不受限制，不但能关注到自己的好友，还能关注到所有人的最新信息更新，微博还提供“随便看看”功能，使微博的舆情传播具有交互性和即时性。除此之外，微博的表达方式多样，这既体现在议题内容上，也体现在表达形式和传播途径上。

（5）微公关，即通过微博，结合事件进行品牌形象公关或危机公关。其包括自上而下的公司参与者的微博及认证，其中包括公司领导人微博认证、公司部分员工微博认证。公司领导人微博认证格式为×××公司董事长、×××公司总经理等，公司部分员工微博认证格式为×××公司员工。其中，公司领导人微博能够在企业信息发布和危机处理中起到重要的作用，一般每天要转发至少一条官方微博信息。而个人认证的微博发布规律没有硬性的标准。

（6）微应用，即利用微博的应用功能，通过第三方应用平台，专门为微博使用者开发有趣、实用的应用，实现有针对性的微博活动营销。其中包括小工具、小游戏等。

2. 微博营销流程

微博营销是一项系统性工程，对于采用微博进行营销的企业而言，在确切把握微博营销的流程后，才能够为微博营销进行运营监控、效果衡量以及调整。一般来说，微博营销流程大致包括以下三个阶段：

第一，前期准备阶段。前期准备阶段包括三项内容：首先，开通微博，根据企业推广目标、内容以及形式等选择合适的微博平台，并注册账号。其次，设计微博，企业的微博主页作为企业的门面，旨在让微博读者了解企业的理念、核心价值等，故而应根据营销定位和目的，设计头像、背景、昵称以及标签等，采用简明而有特色的方式，传播企业特色和文化，提高微博的点击率和搜索率。再次，认证微博，向微博平台提交认证申请。虽然操作比较简单，但这是微博营销中非常重要的一步。用户通过认证后意味着其在某个行业或领域有一定的影响力，相当于微博中的“经营牌照”，更容易获得粉丝的认可。

第二，中期运营阶段。中期运营阶段是企业微博能否实现可持续发展的关键，不仅取决于营销方式也取决于营销内容。活动策划和外部推广是两种常见的营销方式。活动策划包括企业跨部门、跨机构活动的策划。外部推广包括官网广告、邮件推广、论坛宣传以及红人转发推广等多种方式。相比营销方式，内容支撑更为重要。通过内容建设提供企业相关信息，如果能够吸引受众的目光，相当于为企业做了一次免费的广告。除了常规的内容建设和活动推广，针对受众的声音进行反馈也是必不可少的一部分。通过产品答疑、投诉处理、粉丝互动以及奖券发放等方式，加深与客户或潜在客户的交流。

第三，后期评估阶段。随着传统监察评估工具的系统化，微博营销人员可以通过多样化的市场调研方式，评估和调整营销方案，其中以第三方机构提供的研究报告最为常见。从形式上来看，后期评估包括数据分析和目标考核两种方式。数据分析即阶段性地进行微博日常数据的源头统计和原因分析，以及活动结束后的数据分析；而目标考核是以营销目标为基准，定期阶段性地进行整体检查。阶段化的数据分析和目标考核有助于及时调整当期的营销方案，为下一步方案调整和修正做准备。

6.3.3 微博营销策略

微博营销想要获得成功，必须在内容设置、互动交流以及管理方面注重策略的使用，具体来说有以下几个方面。

1. 内容策略

微博作为信息传递的载体，内容无疑是基础环节。浏览转发率、评论率排名靠前的微博，有一半以上都是通过内容制胜，这其中体现出内容营销的一些基本原则。

（1）完美融合微博博主的想法和受众兴趣。

微博不是单纯的广告平台，其意义在于信息分享，如果没有兴趣就不会产生互动。因而在内容的选取上应该把握趣味性（娱乐性、幽默感）、实用性、关联性以及多样性。趣味性是指用户在阅读的过程中获得知识、感受快乐，衡量趣味性的标准是能多大程度让更多的用户参与进来，只有用户从企业微博的内容中感受到快乐，才会长期关注企业微博，这是企业品牌推广中至关重要的一点。实用性是指微博内容能够直接为用户提供帮助，通过提供一些切实有效的生活小贴士、小知识等吸引用户的眼球。关联性是指用户的兴趣与微博博主自身诉求的结合，只有保证了内容的关联性，才能够在信息爆炸的时代，获得独有的位置。多样性是指采用多种表达形式，以求能够满足用户的多种需求。

通过对微博内容的分析，我们将微博的话题分为常见话题、娱乐与消遣、情感与生活三类，每个大类下面又分为诸多小类，加粗的子类是用户比较多点击和阅读的（见表6-2）。其中，实用类的信息（如小知识、小例子等）运用最为广泛，且难度较低，容易掌握。根据上面的三个关键点，可以将微博内容的组成表达为如下定式：微博内容＝“热门话题”（轻易地吸引你的目光与兴趣）＋“特别时间”（节假日）＋“名人”（二次传播）＋“情感”。

表6－2 微博话题类型

常见话题	娱乐与消遣	情感与生活
共同回忆引发共鸣	**星座/搞笑**	爱情攻略/煽情密语
转发送奖品	趣味、性格测试	**哲理**
感人事件	非主流、独特音乐	**小资情调**
祈福	**美景摄影**	灾难新闻/环境破坏
愚人	**新奇创新设计**	**罕见猎奇**
	明星八卦动态	新发现、科技进步
	电视剧剧情及演员	愤怒、揭黑、悲剧
		处事经验
		生活百科、经验

（2）提前做好内容规划，有条理地发布微博信息。

在信息罗列的时候，注重微博的有序性，这是微博发布的细节问题。再高质量的内容，如果杂乱无章地展示在微博中，容易给用户带来困惑，从而降低内容本身的影响效力。故而，要善用微博自带的小工具对内容进行合理编撰，比如微博标签、主题词，既能将内容连贯起来，又能方便用户通过搜索微博的方式及时地发现微博。把握好细节，给用户较好的阅读体验，引导粉丝浏览相关的内容，能为企业带来极大的方便和关注度。

（3）定期更新微博信息。

对于营销而言，微博的热度和关注度来源于微博的可持续性话题。由于微博采取实时更新的方式，即使是刚发布的信息，也很有可能被后来的信息覆盖。想要长期吸引客户注意，必定要对微博进行定期更新、长期更新，发布质量高、话题新颖的微博，才能被网友转发或评论。

总的来说，对于微博营销而言，方法固然重要，内容却是基础。任何手段或形式，都必须要以优质的内容作为依托，才能够从根本上吸引用户关注、转发和评论，从而实现营销活动的效果。

2. *互动策略*

如果说内容是微博设计的基础，那么互动就是微博营销的核心。如何才能够通过微博更好地与用户交流，以及怎样才能增加粉丝的数量和质量，则需要遵循以下几项原则。

（1）增加关注微博，发挥关键人物法则。

在微博开通之前，如果微博的运营者已经对自己需要吸引的用户有了很明确的定位，那么运营者可以通过两个渠道来获取既定粉丝的关注。一是关注需要吸引注意力的用户的微博以获得反向关注。具体做法为：选取合适的用户（如竞争者的粉丝、对营销活动有帮助的账号等）并关注，该用户的界面上会提示新增粉丝，他自然就会点击进入粉丝界面，如果企业所提供的微博内容恰好满足用户的需求，用户就会进行反向关注，并转发或评论企业的微博。二是发挥关键人物法则的作用。关注包括明星、名人、热门草根、行业研究以及业内专业人士等有影响力的关键人物，通过他们对企业微博内容的转发，进行二次传播，从而扩展用户阅读的覆盖面。

（2）积极主动地回复评论。

互动包括双方向的作用力，有来有往才能互动起来。故而微博的运营者至少要做到两方面：一是积极查看并回复微博上的粉丝的评论，用积极的态度去对待评论的内容，这不但是对粉丝的一种尊重，也能够在对话当中吸引更多的粉丝。二是有选择性地关注粉丝的动态，并且留言或转发。这是一种良性的互动，能够让粉丝感受到微博运营者的关注，从而促进其与微博运营者的交流，并将微博推荐给自己的粉丝。

（3）灵活使用“#”与“@”符号。

在微博发布内容的时候，两个“#”符号之间加上文字可以创建一个话题，在话题的后面可以加上带有主观色彩的微博运营商的意见，粉丝可以通过搜索查找到既定的话题。以话题为点，扩大讨论的覆盖面，吸引对该话题感兴趣的粉丝。“@”符号代表“对某人说”的意思，有针对性地“@”某些用户，用户会在界面上收到提示，这可以起到将用户引入微博内容的作用。这两种方式毫无疑问是加强交流的手段，但不适合高频度、大范围的使用。

（4）合理使用私信。

私信是微博中的私人聊天插件，相较于微博的状态发布窗口，私信可以容纳更多的文字。私信可以在保护收信人和发信人隐私的前提下，通知粉丝更多的内容。另外，私信还可以用于与关联微博运营商进行情感交流。由于私信是一对一的信息传递，具有一定的强制性，私信的内容要尽量精简，且不能带有过于明显的广告信息，不然适得其反。

（5）多发布具有互动性的内容。

有规划的互动性的内容或活动，能够有针对性地吸引用户参与。通过微博专题页面策划大中型活动，微博活动页面策划中小型活动，诸如疑问、投票、竞猜有奖、微调查等形式，采用低门槛、规则简单的活动以及适当的物质刺激，有效地吸引用户回复，加强互动。

（6）选择合适的互动时间。

用户在一天或者一周内活跃的时间不一，时机不当地发布微博信息，可能会被淹没在众多的微博更新中，被用户忽略。针对特定的用户群体选择合适的互动时间也是微博成功的一个重要辅助因素。据统计，对于普遍用户而言，一周内微博转发率、评论率遵循先上升后下降的走势，在周三、周四达到最高点（如图 6－1 所示）。故而，可以考虑选择周三、周四作为微博重磅消息的发布时间。而在一天中，每天早晚上下班时间是微博用户活跃的高峰期，这也是互动时间选择的重要参考时段。当然，根据用户职业、年龄段、作息习惯等因素的不同，活跃的时间也有所不同。

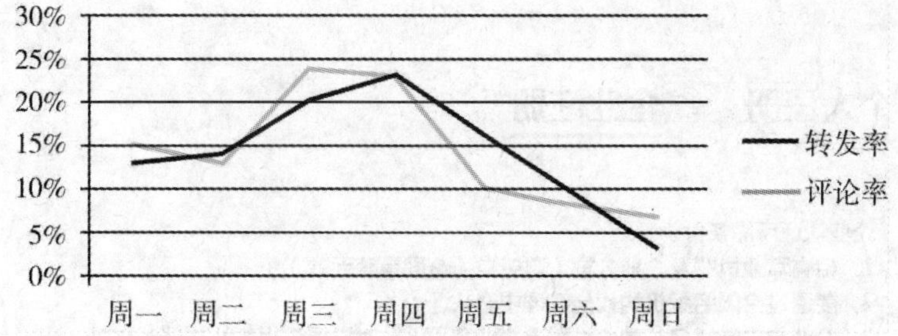

图 6－1　一周内微博转发率、评论率走势图

3. 管理策略

微博营销除了要把握内容策略，提高内容的质量和可读性，采用互动策略，增加粉丝数量以外，还需要把握好微博发布后的管理。微博管理主要从分析数据和内容两个方面入手，典型的微博分析数据包括关注数、粉丝转发数、微博数、转发数、评论数等。关注数即博主关注的微博的总量，是博主的主动参与度指标；微博数反映的是博主发布内容的意愿，原创应该大于转发；转发数反映了信息传播的范围和效率、粉丝的活跃程度；评论数反映了微博是否具有话题性；粉丝转发数反映了微博被多少人关注、言论的影响范围、对口碑是否起到积极作用和正向作用。另外，还存在一些基本规律：关注数大于粉丝数，在微博新手中出现更多；粉丝数大于关注数，常见于微博名人。日常话题的微博粉丝数与转发数的比率是 1 000∶1，病毒式营销的比率则是 100∶1。对比他人和自己的微博数据，容易得出突破角度。可以采用新浪的微数据或第三方统计工具（如微博风云），作为数据的提供渠道。微数据主要针对传播力、覆盖度以及活跃度进行综合的测算。在分析微博内容的时候，对不同表现形式的微博内容进行归总再分类分析，能够得出更为丰富的结论。

6.4 实验内容

微博营销策略的实施依赖于合理地选择和组合微博工具，以下以新浪微博作为实验内容介绍的蓝本，说明常用的微博工具的使用方法。

1. 微博账号的创建

第一步，选择合适的微博运营商，阅读相关协议，注册微博账号（可以分为个人注册和企业注册），如图 6－2 所示。

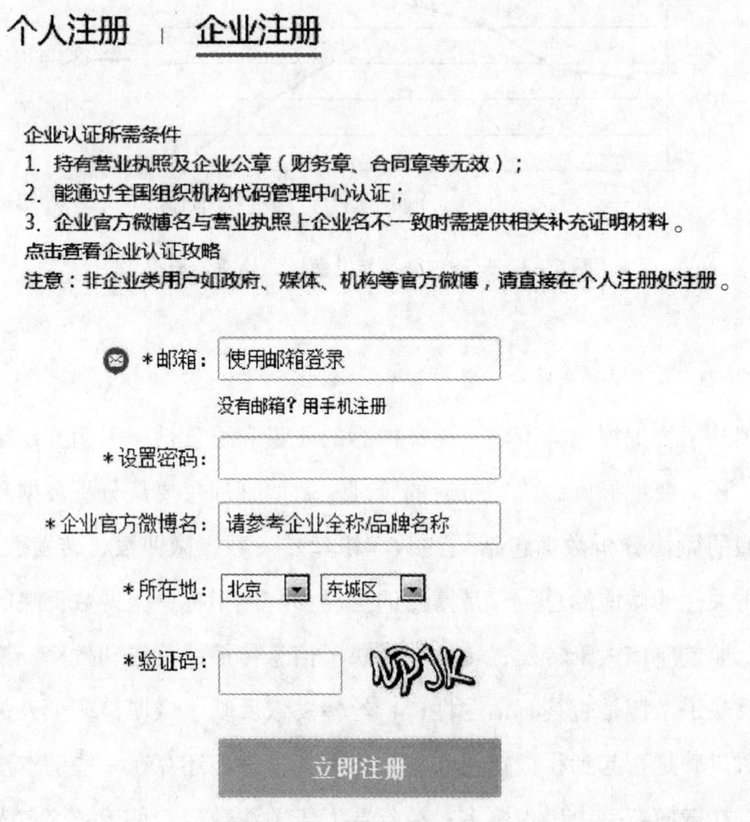

图 6－2　微博注册界面

第二步，进行微博界面的设计，其中包括微博昵称、个性域名、头像、背景以及标签的设计。微博昵称、个性域名以及头像以与公司及相关品牌密切相关的内容为首选，背景及标签则根据公司、产品或顾客定位设计，便于潜在用户搜寻。如图 6－3 所示，可以通过微博的设置界面对账号的基本信息和模板进行自主化设置。

图 6－3　微博设置界面

第三步，微博的认证。对于企业微博而言，通过与微博客服联系，并递交相关营业执照、税务登记复印件等资料，即可完成认证过程。

2. 微博账号的日常维护

微博的日常维护包括内容建设、活动策划、客户推广、微博推广、商务合作等几个方面。其中内容建设只需要通过简单的新鲜事发布即可实现，而商务合作则包括与相关技术公司合作开发应用软件等。以下针对活动策划和微博推广的几种方法进行详细解说。

（1）投票。投票可以作为新产品推出以后对用户的真实意见进行汇总，也可以用于了解客户的潜在需求，对企业的业务进行指导。

第一步，打开“我的首页”，在消息发布框下方点击“投票”，出现下拉框，直接创建投票，如图 6－4 所示。

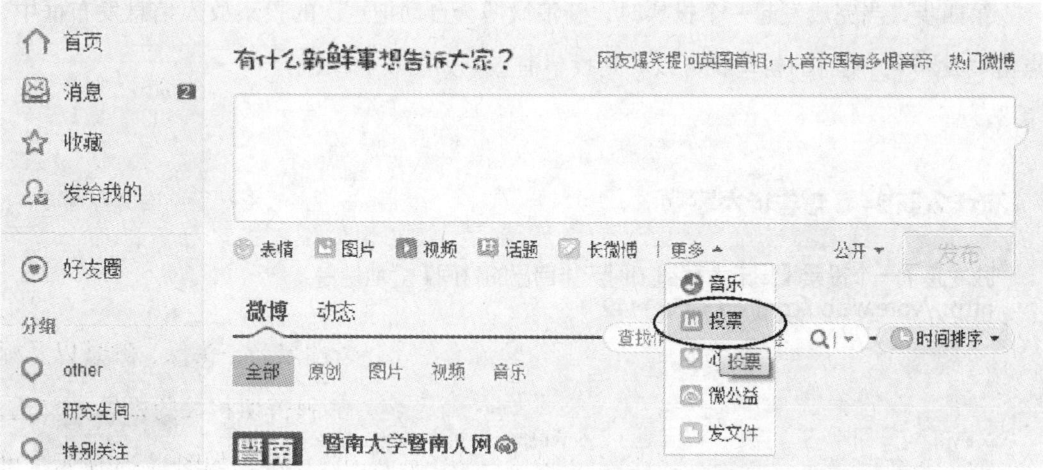

图 6－4　投票活动开展界面

第二步，输入投票标题、内容以及形式，其中既可以发起文字投票，也可以发起图片投票，如图 6－5 所示。

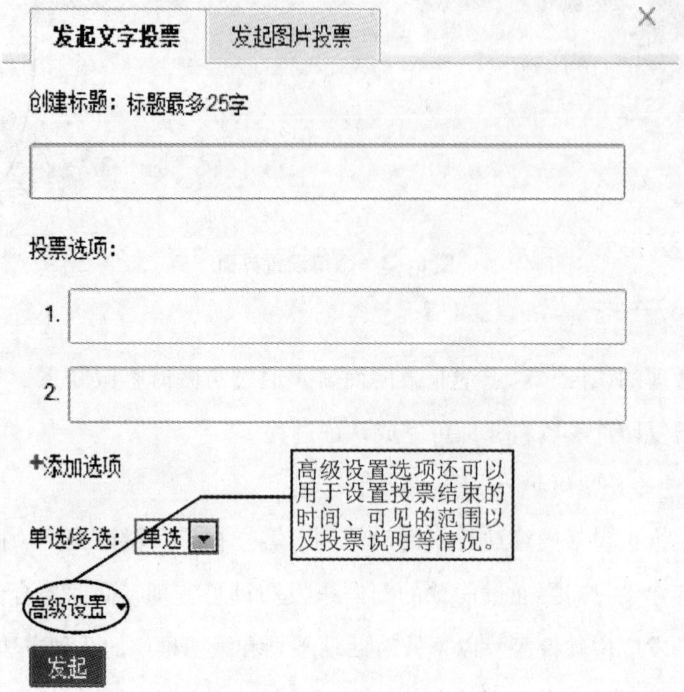

图 6－5 投票发起界面

第三步，点击“发起”，即可完成投票操作，微博自动把投票信息通过新鲜事框发布给大家。

第四步，当完成发起一个投票时，新浪微博会自动把这次的投票放入信息发布框中，点击“发布”，所有的粉丝就可以看到投票消息，如图 6－6 所示。

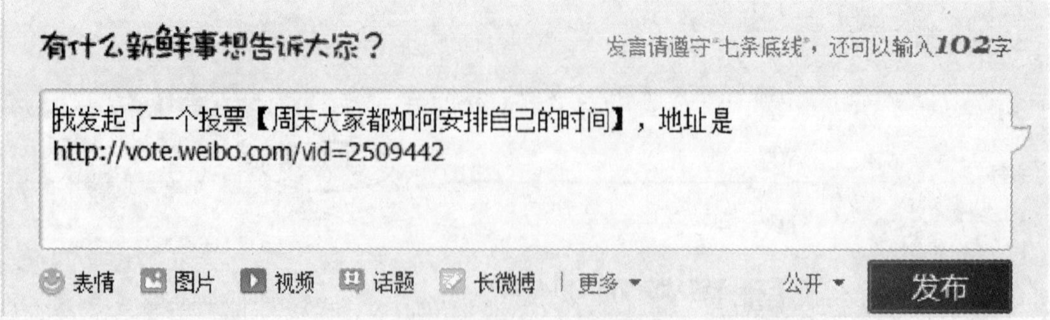

图 6－6 投票消息宣传界面

(2) 活动发起。微博活动可以分为企业自建活动和新浪微博平台活动，企业自建活动是企业自身发起的例如有奖转发、晒单、随手拍等活动，新浪微博平台活动是新浪微博平台自己开发的多样性的活动，包括砸金蛋、大转盘、新浪系统抽奖等，一般是由新浪认证客户发起。其活动发起一般遵循以下步骤：

第一步，登录微博后，打开活动平台首页，确认新浪微博认证身份，点击“发起活动”，如图 6－7 所示。

图 6－7　新浪微博活动平台界面

第二步，从同城活动、线上活动以及有奖活动中，选择活动类型，如图 6－8 所示。

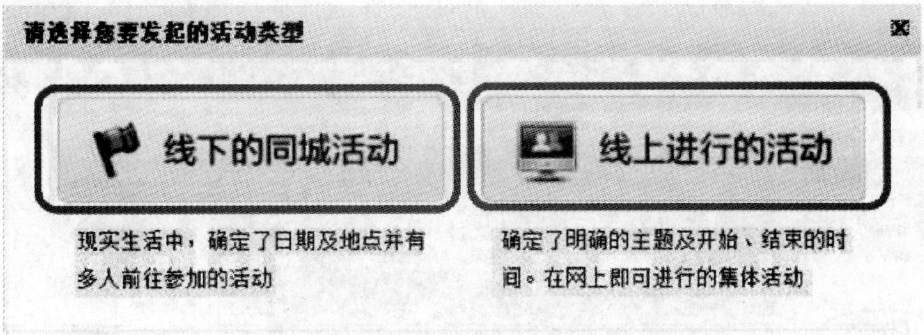

图 6－8　活动类型选择界面

第三步，填写活动标题、活动描述以及活动时间等，发起相关类型的活动，如图 6－9所示。

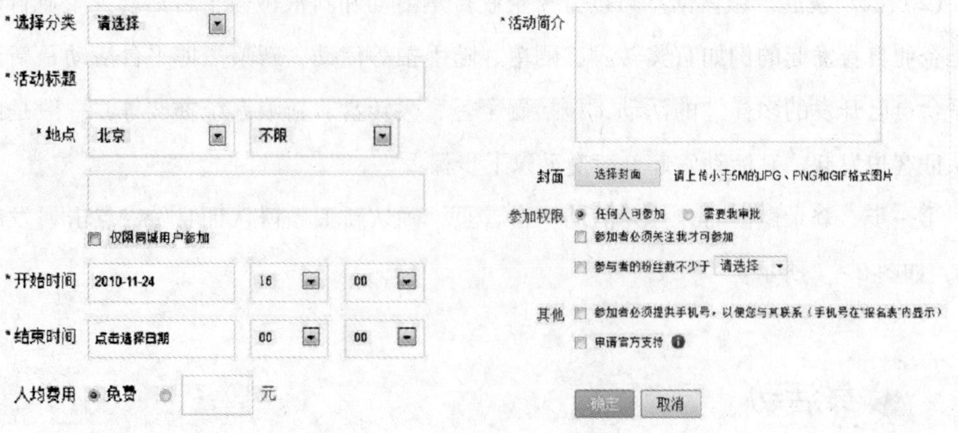

图 6－9　活动详细信息填写界面

第四步，活动发起结束后，点击活动页面的“分享到微博”，即可将活动信息分享到微博新鲜事中。

第五步，管理活动讨论区，及时回复网友的疑问、公布活动的进展情况，对优秀的讨论还可以置顶。

第六步，活动结束后，在有抽奖环节的活动中对用户群体进行抽奖。

（3）创建微群。微群是微博的群组功能，以一个主题聚集具有共鸣的用户进行沟通、交流，是一种比较便捷和深入的互动形式，专项小群体的建立，可以用于发布促销信息，分享产品心得、服务感受，回答问题等等。

第一步，在新浪微博微群页面，点击“创建微群”，如图 6－10 所示。

图 6－10　创建微群首页界面

第二步，填写名称、简介、标签等项目，即可完成由微博博主自己管理的微群；用户创建微群仅需要满足四个条件：第一，上传头像；第二，粉丝达到 10 人；第三，微博超过 10 条；第四，创建微群数不超过 3 个。如图 6－11 所示。

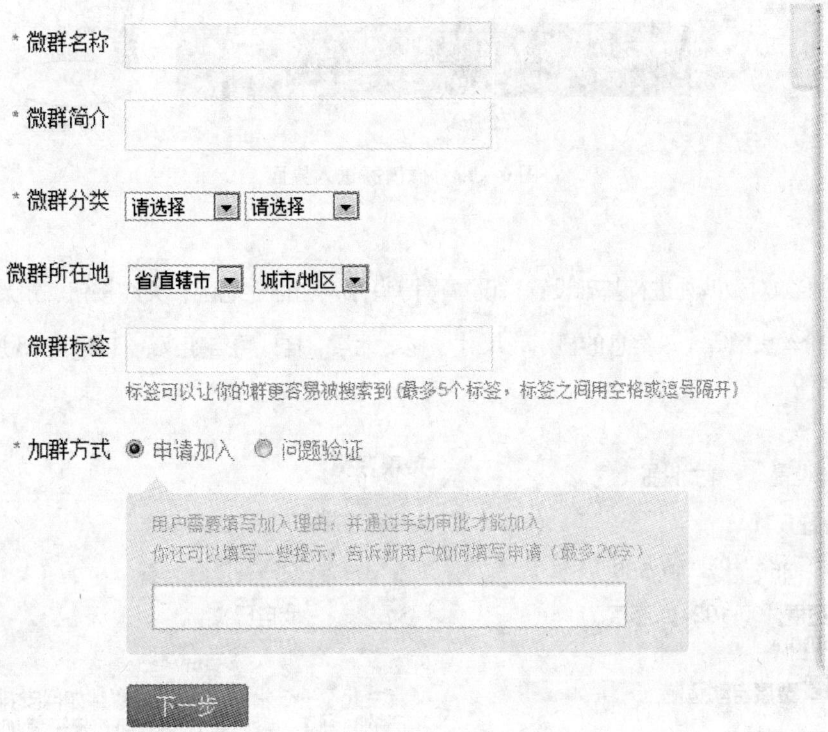

图 6－11 微群创建信息填写界面

第三步，微群建立之后，微群负责人可以在微群中发起话题，获取希望获得的信息。

3. 与微博相关的站外互动活动

微博除了可以采取站内自带的功能提示即时更新以外，还设计了小插件，供用户在邮箱、论坛签名以及博客中使用。

(1) 微博秀。微博秀是一个小组件，通过复制代码放入企业网站和博客，显示微博头像、昵称、地区、关注按钮、最新微博摘要、粉丝数及粉丝头像等基本信息。

第一步，登录微博账号。

第二步，通过点选微博右侧“设置”栏目中的“我的工具”进入“微博秀”界面，如图 6－12 所示。

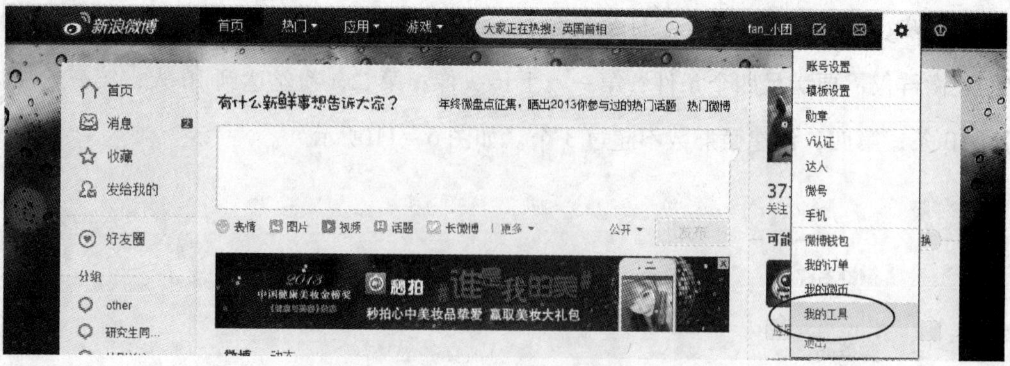

图 6－12 微博秀进入界面

第三步，对微博秀进行基础设置，设置微博头像、昵称、地区、关注按钮、最新微博摘要、粉丝数及粉丝头像等个人信息的显示，尺寸、显示元素、样式可自定义，如图 6－13 所示。

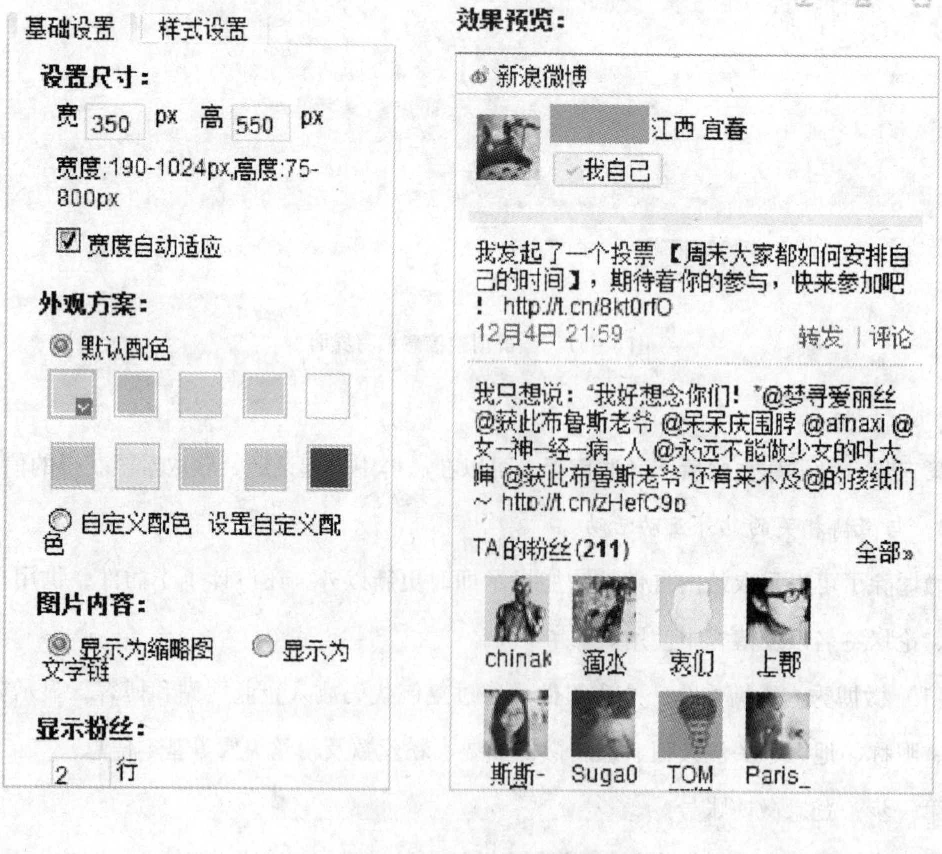

图 6－13 微博秀设置界面

第四步，获得代码，将生成的代码嵌入到博客和个人主页宣传微博，如图 6－14 所示。

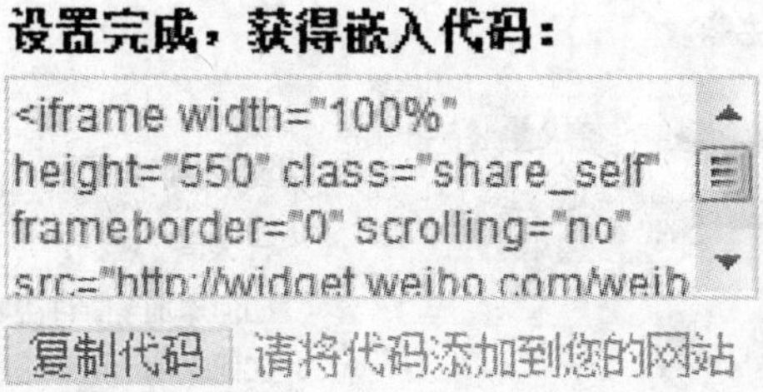

图 6－14　微博秀代码复制界面

（2）关联博客。除了可以通过复制代码的形式进行微博推广以外，还可以结合博客的推广渠道，达到博客中显示微博更新的目的。具体操作如下：从“首页”—“设置”—“我的工具”进入，找到“博客挂件”，选择不同门户的博客，输入博客地址即可，如图 6－15 所示。

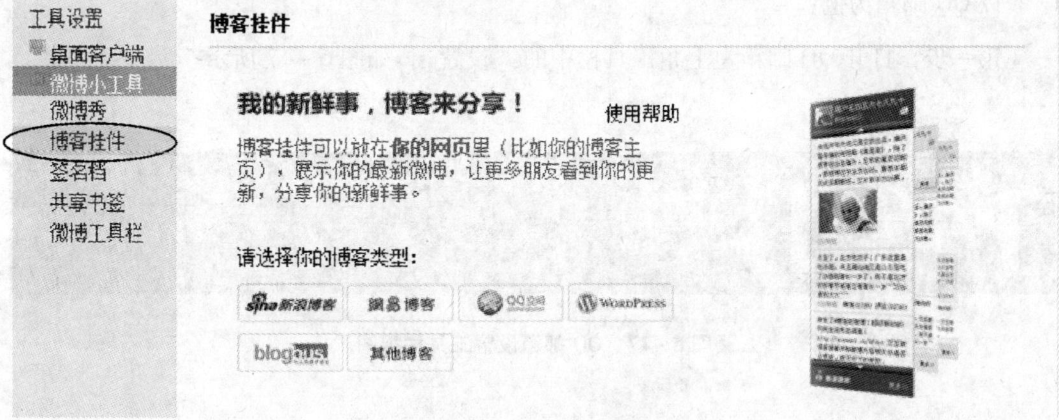

图 6－15　博客挂件界面

（3）关联账户签名档。关联账户签名档是通过外链的方式，显示微博签名。一般常见于邮件和论坛签名。其中，签名档的链接来源于微博“工具”中的“签名档”功能，如图 6－16 所示。

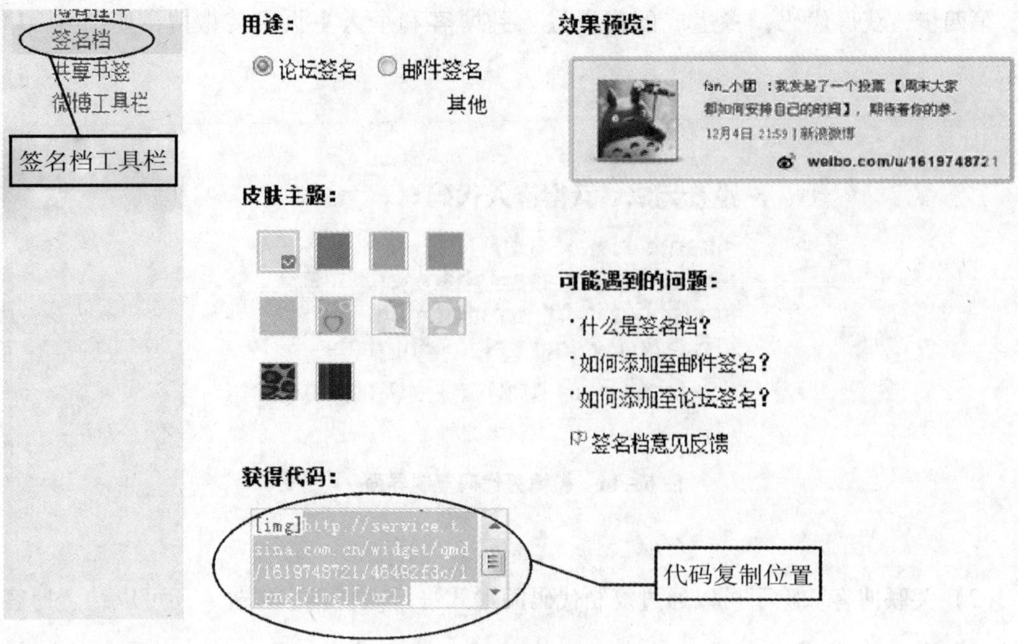

图 6-16 签名档代码获取界面

①邮件微博签名。

以 QQ 邮箱为例:

第一步，打开 QQ 邮箱左上角工具栏中的“设置”，如图 6-17 所示。

图 6-17 QQ 邮箱设置工具栏视图

第二步，在个性签名栏中选择“添加个性签名”，如图 6-18 所示。

第三步，复制签名档的链接，分别添加至超链接和图片选项，点击“确定”保存设置，即可在每次发布邮件时附带微博主页链接。

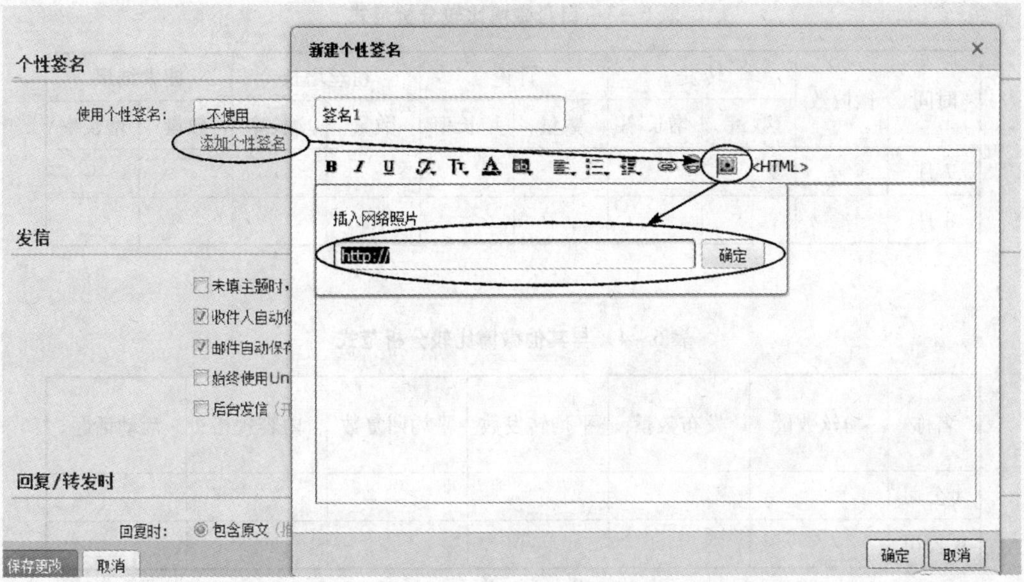

图 6-18　新建个性签名界面

②论坛微博签名。

第一步，打开签名档。

第二步，复制 UBB 代码。

第三步，进入论坛的个人中心，粘贴至个人签名的位置，并点击“提交”。

(4) 共享书签。

只需将微博主页上的“新浪微博分享”按钮用鼠标拖放到浏览器上的书签即可（支持 Firefox、Chrome、Safari 浏览器）。

4. 数据分析

微博自身涉及的数据大致有微博数、粉丝数、关注数、转发数、回复数、平均转发数、平均评论数、二级粉丝数、性别比例、粉丝分布数等。通常用于微博营销策划的指标有粉丝活跃度、粉丝质量、微博活跃度；企业考核关键绩效指标（KPI）有粉丝增长数、搜索结果数、访问量、转发数、评论数。数据分析的时间一般用于日常分析以及活动分析两大方面，分析对象既包括自身微博的纵向时间比较，又包括与竞争对手、行业平均水平的横向比较，还包括粉丝群体的分析。比较分析微博运营成功与否是多维度的，应该尽量考虑采用多种数据进行分析。表 6-3 和表 6-4 分别为纵向比较和横向比较的分析范式。

表6-3 自身微博比较分析范式

时间	微博数	转发		评论		粉丝增长		搜索结果	
		数量	增长率	数量	增长率	数量	增长率	数量	增长率
7月									
8月									

表6-4 与其他微博比较分析范式

名称	粉丝数量	发布数量	平均转发数	平均回复数	内容规格	活动话题
A公司						
B公司						

6.5 实验练习与思考

6.5.1 实验练习内容

以小组形式选择某一企业作为蓝本，采用微博营销的方法对其进行推广。在分析其营销目标和定位的基础上，撰写并实施微博营销推广项目策划方案。在课堂上以截图为素材制作PPT进行展示，分析思路与推广过程，并进行讨论。

6.5.2 实验练习要求

（1）针对案例背景，合理定位微博，采用匹配微博营销目标与推广网站营销需求的方式，制订相应的微博营销推广项目策划方案；

（2）创建微博，进行微博昵称与头像的设定，账户设置至少包含标签、简介等；

（3）关注有效账号、对象，可以涉及竞争对手、行业信息、热门咨询、业务关联，并进行微博认证；

（4）维护微博运行，微博至少运营一周，每天所发布的内容更新中至少有一条与营销内容相关，结合多种元素编辑营销信息，发布投票式、竞猜式以及疑问式等互动形式的微博，形成一篇实验报告。

7 微信营销

7.1 实验目的

本实验的目的就是让学生了解微信的各项功能，知道微信与其他 Web 2.0 应用的不同。了解微信运营商的商业模式、微信对个人用户的价值，掌握企业利用微信来进行营销活动的技巧，了解企业如何利用微信来进行营销活动以及如何进行管理。

7.2 实验要求

（1）注册微信账号、微信公众号；

（2）撰写一份利用微信进行企业营销推广的方案；

（3）实施部分该方案。

7.3 实验理论基础

7.3.1 什么是微信

“你开通微信了吗？我加你一下。”这是今天人们见面常说的一句话。

微信（英文版 WeChat）是腾讯公司于 2011 年 1 月推出的一款快速发送文字和照片、支持多人语音对讲的手机聊天软件，用户可以通过手机或平板电脑快速发送语音、视频、图片和文字，同时也可以通过共享流媒体内容获得资料和使用基于位置信息的“摇一摇”、“漂流瓶”、“朋友圈”、“公众平台”、“扫一扫”等服务插件。微信跨越了运营商、硬件和软件、社交网络等多种壁垒，实现了现实与虚拟世界的“无缝对接”，使移动终端成为新的社交节点。

说到微信就不能不提 Kik。Kik 是一款基于本地通讯录直接与联系人建立连接的手机 IM 软件，拥有免费短信聊天、来电大头贴、个人状态同步等功能，但不能发送照片和附件，整体感觉十分简约。Kik 在 2010 年 10 月 19 日才登陆 AppStore 和 Android Market，但它在上线之后的15日之内就吸引了100万使用者。至2010年末，国外已经有Ping-Chat、Whats-app、iMessage和Gtalk等多款类Kik的IM应用软件出现，它们的共同特点都是基于手机通讯录且功能和界面极为简易。2010年12月末，国内知名应用开发团队小米科技仅用了一周时间就研发出了中国第一款类Kik应用软件——米聊。米聊出现后几天，盛大率先作出跟进反应，推出"盛大KIKI"。1个月后，腾讯推出了基于QQ用户群的微信，并迅速引爆市场：至2012年3月底，微信问世433天后，用户数突破1亿；2013年1月15日，微信用户数达3亿；截至2014年第二季末，微信及WeChat的月活跃账户合计同比增长57%，达到4.38亿，成为移动互联网时代的超级用户入口。同时，微信还不断丰富其功能，围绕通信这个核心功能，发展为集通信、社交、营销、媒体、工具五大功能于一体的平台化产品。

微信之所以获得如此成功并非偶然，它从诞生至今累计经过了40余个版本的升级，构建了复杂的社交网络，覆盖了从工作到社交、娱乐等多层次的需求，这是其他任何IM工具都无法比拟的。同时，微信能够吸引广大的年轻人加入并产生黏性，其中一个很重要的原因在于它的使用成本低廉，只要一点点流量——如果在WiFi环境下连这点流量都可以省掉——便可以实现自由发短信或通话，这可以说是微信在发展初期最大的竞争优势。另外还要看到的是，由于微信是基于腾讯QQ这款中国使用人数最多的IM软件发展而来的，超过4亿的巨大用户基数和早已深入人心的使用方式，都为微信提供了巨大的便利。可以说，微信横空出世后，其他的类Kik软件都很难继续生存。

微信的一步步风靡获得了学界和业界的关注，由于其"朋友圈"和"公众平台"等功能兼具了在线社交和信息发布平台的作用，许多人因此将微信与微博进行对比。微信与微博在许多方面存在着差异，在重大事件发生时的信息发布和舆论聚集上，微博以其开放性和包容性更胜一筹，微信与微博并非谁替代谁的关系，而是一种相互补充与发展的关系。

在很长一段时间内，腾讯微信一直面临着来自小米开发的米聊的竞争压力。米聊最早于2010年12月23日由小米工作室开发完成，而微信是在2011年1月发布的，比米聊起步要晚一个月左右。但是经过半年之后，米聊用户才超过400万。而微信用了大概7个月的时间，用户数就达到了1 500万。

此外，由专门从事在线消费者行为研究的市场调查公司Global Web Index（GWI）提供的一份报告显示，在2013年的第二至四季度，微信在全球移动社交应用的占比增长明显，增长率达到379%。而这一数据还不包括微信在中国市场的增长。其中，微信在印度App-Store下载总次数排名第二，在通信软件类别下载次数则排名第一；微信在意大利的App-Store的下载总次数也排名在前三；在东南亚地区，微信2013年在菲律宾排行榜上排名前三，而根据谷歌趋势2013年数据显示，微信是马来西亚搜索排行榜排名前十中唯一的通信应用。

对于这一调查结果，腾讯国际业务部台湾暨香港办公室总经理谭乐文表示十分满意。这一数据不仅显示了微信在全世界的人气指数大幅跃进，也证明了微信的国际性品牌地位正逐步彰显。

7.3.2 微信的发展历程

微信自面世以来，通过不断推出新版本、新功能来“俘获”更多新的用户。经过3年多时间，已经开发更新数十个版本。每个版本都有增加新的功能。1.1版的添加备注名、2.0版的语音功能、2.5版的“附近的人”、3.0版的“摇一摇”和“二维码”功能，以及4.0版的“朋友圈”。这些功能大大丰富了微信的内涵，帮助微信从与米聊的竞争中脱颖而出，也使得微信甩掉了模仿其他“IM”的形象，成为一款创新产品。

1. “1. ×”版本阶段

在2011年1月21日，微信发布针对iPhone用户的1.0测试版本（见图7-1）。第一个测试版本支持通过QQ号来导入现有的联系人资料，但仅有即时通信、分享照片和更换头像等简单功能。

图7-1 微信1.0测试版（截图取自腾讯微信官网）

微信产品第一个版本的核心思路是“能发照片的免费短信”，虽然这和竞争对手趋于同质化的口号并未让用户感到太多的惊喜，但代表了微信启动时最初始的产品诉求。

第一个版本没有受到市场的太多关注，然而这个版本积攒下来的少数尝试性用户却给产品带来很多宝贵的建议和反馈。

在接下来的 3 个月，微信团队根据这些用户提供的线索不断优化程序，持续改进收发信息速度、流量节省等产品细节内容，并根据用户最集中的需求打造新的产品功能。

2011 年 5 月 10 日，微信产品第二个版本发布，腾讯科技广州研发中心团队借助手机 QQ 团队开发的语音聊天技术，首次在这个版本的微信里推出语音对讲功能。这个到目前为止依然被使用最多的基础功能，给微信带来了大量的新增用户。这个功能并非微信独创，2011 年 1 月推出的 Talkbox，就已经在主打免费语音。不过，就这种免费语音的具体呈现方式，微信根据用户实际的使用习惯进行了大量的微创新改进。比如当距离感应器没有发生感应时，语音对讲功能就默认为扬声器播放，而只要把手机贴近耳朵，就马上自动调整为听筒模式，这种细节性的改善，让用户避免了大众场合“被广播”的尴尬，能方便地在会议、地铁等不方便接收扬声器广播的场合进行接听。类似这样的微创新改进还有很多，这使得用户接触到的尽管还是那些底层技术支持下的基础应用，但感受到的产品体验与其他的产品相比却已经全然不可同日而语了。

2. “2. ×” 版本阶段

2011 年 5 月 10 日，微信发布了 2.0 版本（见图 7－2），该版本新增了 Talkbox 那样的语音对讲功能，使得微信的用户数量第一次有了显著增长。

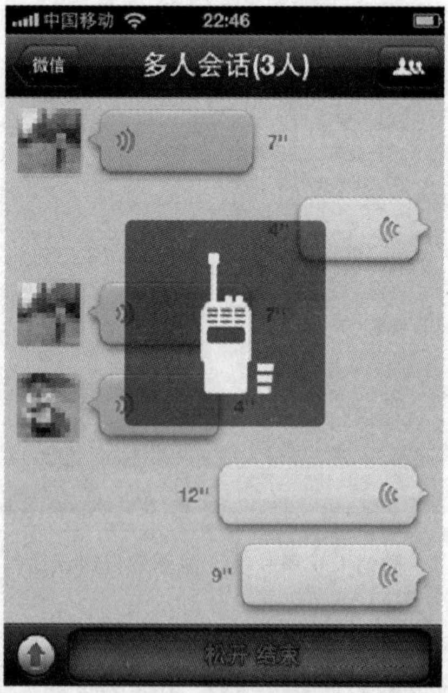

图 7－2　微信 2.0（截图取自腾讯微信官网）

真正让微信从国内类 Kik 软件中脱颖而出的是其再次以微创新的模式，在微信的语音服务上叠加 LBS（Location Based Service，基于地理定位服务）实现的距离社交功能。

2011 年 8 月 3 日，微信发布了 2.5 版，在国内率先推出“附近的人”功能。另外，QQ 邮箱的“漂流瓶”功能也延伸至微信上。微信借助这两个功能突破熟人沟通的界限，直接进入陌生人交友的应用区间。但是国内其他技术企业也同时关注到这个类别的应用。微信 2.5 版推出的第二天，陌陌这款纯粹定位于 LBS 陌生人交友的应用也在苹果商店上线。LBS 技术以及基于 LBS 技术实现的友邻社交应用都不是微信首创，微信只是将 LBS 和语音对讲相结合。而且微信也并不是第一个把手机语音聊天和 LBS 相结合的软件，韩国的女同性恋交友软件 EL 在 2011 年 2 月发布的 1.5 版中就已经列出了其他用户和本用户的距离、所在城市，并按照从近到远排列等功能，方便用户交流。

微信产品所采用的模式，是源自对前几个版本的用户的洞察。微信的开发者观察到很多实实在在的陌生人需求，比如拼车上下班，用户把拼车的需求写入微信签名栏，以便让有同样需求的朋友联系自己。又如二手物品的出售，也可以把商品信息发布在微信上，并很快就能找到买家。微信的功能更加生活化，基于不同的生活需求让更多陌生人产生进一步联系。为了满足这种需求，微信为用户提供了查看附近的人的头像、昵称、签名及距离等功能，并由此把不认识的人圈到了一起，突破熟人的紧密关系链，进入了类似微博一样由某种共同点维系在一起的弱关系链。由此一来，微信新增好友和用户第一次突破了 QQ 原有的用户群边界，并迎来爆发性增长。这种“强弱关系链”的转换，把不认识的人圈到一起，成为微信用户增长的一个重要里程碑。

3. “3. ×” 版本阶段

2011 年 10 月 1 日，微信发布 3.0 版，该版本加入了“摇一摇”和“漂流瓶”功能，增加了对繁体中文语言界面的支持，并增加中国香港、澳门、台湾，以及美国、日本并与以上五个地区的用户绑定手机号。

“摇一摇”功能借助动作的一致性匹配找到同时晃动手机的人，形成新的随机社交关系。2011 年底推出的微信 3.5 版采用了一个极具战略价值的功能——二维码，通过扫描或在其他平台上发布二维码名片，用户可以不断拓展微信好友。“摇一摇”和“二维码”功能被业界普遍认为是微信实现绝杀竞争对手的微创新，这两项功能虽然都是微信在国内产品中的首创，但仍在一定程度上复制了国外相关产品的先进技术。比如 2011 年 8 月 16 日日本某公司发布的语音聊天产品 Line，新增了“Shakeit!”（也是摇手机加好友）和 QR 码（二维码的一种）添加好友的功能。

不过，这两个功能在微信上大获成功而广受用户青睐，还是因为微信在细节上比国外先行者要做得好很多。比如在“摇一摇”的第一个版本中，晃动手机之后的效果除了震动之外，听觉上是响亮的来复枪上膛声，视觉上呈现为维纳斯雕像（女性用户）或大卫雕像（男性用户）。

微信的前3个版本都只有中文版，但到了3.5版则增加了英文、法文、德文等12种外文的国际版，目前的语种已经扩充到19种。除了语言，微信在用户体验上也跟随语种一并作出诸多微调，以适应当地市场的用户偏好。发布国际版本的直接结果，是微信在2012年一举拿下15个国家和地区的市场的社交类应用下载第一位，其中既包括中国香港、澳门、台湾地区，华人聚居的新加坡、马来西亚、泰国，也包括华人占比不高的拉丁美洲和中东诸国。目前，微信的海外用户已经超过4 000万。微信与美国的WhatsApp、韩国的Kakao Talk、日本的Line并列为全球四大手机即时通信工具。

4. “4. ×”版本阶段

2012年3月，微信用户数突破1亿大关。4月19日，微信发布4.0版（见图7－3）。这一版本增加了类似Path和Instagram一样的相册功能，并且可以把相册分享到朋友圈。

图7－3 微信4.0（截图取自腾讯微信官网）

2012年4月，腾讯公司开始作出将微信推向国际市场的尝试。为了使微信欧美化，腾讯将其4.0英文版更名为“WeChat”，之后推出多种语言支持；7月19日，微信4.2版增加了视频聊天插件，并发布网页版微信界面；9月5日，微信4.3版增加了“摇一摇”传图功能，该功能可以方便地把图片从电脑传送到手机上。这一版本还新增了语音搜索功能，并且支持解绑手机号码和QQ号，进一步增强了用户对个人信息的控制。2013年1月15日，腾讯微信团队在微博上宣布微信用户数突破3亿，成为全球下载量和用户量最多的通信软件，影响力遍及中国大陆、香港、台湾以及东南亚国家等海外华人聚集地，还有少数欧美国家；2013年2月5日，微信发布4.5版，这一版本支持实时对讲和多人实时语音聊天，并进一步丰富了“摇一摇”和“二维码”的功能，支持对聊天记录进行搜索、保存和迁移。同时，微信4.5版还加入了语音提醒和根据对方发来的位置进行导航的功能。

米聊的“熟人社区”最早将QQ空间这种在好友关系链上分享图片等信息的功能集成到手机上来，微信产品4.0版精妙地构建了一个允许用户将文字、图片、音乐、视频等资讯内容基于个人的私密关系链实现小范围流转的模块，微信团队将此模块命名为“朋友圈”。朋友圈的模式同样不是微信首创，微信4.0版发布时，业界基本上一致认为这一模式是抄袭Instagram或Path。但是几乎所有人都没有发现微信“朋友圈”里蕴藏着的微创新，也看不到这是在QQ关系链上做社交网络服务的有益尝试，以及微信如何借助各种局部的改善来规避可能极大程度伤害用户体验的风险。另外，业界也没有看到接口公开介入第三方内容后可能发生的结构性变化。当业界其他竞争者只是对其他产品的关键功能进行单纯的复制抄袭时，微信与竞争者之间的距离正在不断拉大。

微信“朋友圈”最早用图片分享作为最直接的切入点，设置巧妙且好玩，用户在微信上分享照片，进而养成了愿意分享一切喜欢的内容的习惯。朋友圈因为好玩而迅速得以推广，大量非私密信息通过朋友圈得到了更大的流转空间；为了将关系链微妙的用户体验处理到位，微信团队对原本简单的Path模式作了非常精细化的改造。例如对用户关系进行精密的隔离与控制，强关系链范畴内的好友才可以同时看到内容并且评论，不同关系链内的内容各项隔断并有准确的衔接点。在4.0版之后，可流动的内容拓展到几乎所有手机上能够阅读的内容，一方面优质的内容借助可信度很高的微信关系链可以进行高质量的传播；另一方面，微信也通过内容，让不断优化的社交关系链变得无比壮硕。

微信“朋友圈”的兴起，几乎在瞬间消除了腾讯的两大忧患。除了米聊等同类产品的没落，腾讯另外一个竞争对手新浪微博也遭遇重大打击。有关数据显示，2012年全年，新浪微博的活跃度同比下滑至少30%，而在那一年，3亿微信用户的朋友圈活跃度上升了60%以上。很多用户前几年养成的去新浪微博分享和寻找好玩内容的习惯，在2012年变成了打开微信朋友圈分享和寻找好玩内容。

5. “5. ×”版本阶段

2013年8月5日，微信5.0 for iOS版上线，添加了表情商店和游戏中心，“扫一扫”

功能全新升级，可以扫街景、扫条码、扫二维码、扫单词翻译、扫封面；同年8月9日，微信5.0 Android版上线。2013年12月31日，微信5.0 for Windows Phone上线，添加了表情商店、绑定银行卡、收藏、绑定邮箱、分享信息到朋友圈等功能。2014年1月4日，微信在产品内添加由“嘀嘀打车”提供的打车功能。2014年1月28日，微信5.2版上线，界面全新改版。微信5.3版更是新增了一些主要功能：“我的银行卡”选项中，可以直接充话费；支持邮件发送聊天记录，可以选择多条聊天记录，通过邮件发送；可以发送地点名称，发送地理位置时，可以同时发送地点名称；可以绑定谷歌账号，添加谷歌账号中使用微信的好友；优化了收藏功能，可以编辑收藏的文字，可以在聊天中发送收藏的内容；可以清理微信存储空间，删除不再需要的文件，减少微信占用的存储空间。

2013年6月17日，微信针对一部分公众账号开通了在线支付购物功能，用户可以在微信公众账号获取产品信息直接进行购买并完成整个支付过程，到目前为止微信支付功能只支持财付通和银行卡直接支付。微信试水购物和支付功能，意味着微信正朝着电商平台入口转变。

首个开通微信支付功能的公众账号是麦当劳，用户只需要关注麦当劳的公众账号，通过点击“会员卡特权”的详情页面即可获取麦当劳的产品信息，目前麦当劳仅推出“茶点卡”服务，售价3元。用户可以直接在微信上购买，支付的方式只能选择财付通或者银行卡直接支付。

2013年8月9日，微信5.0版正式在腾讯自由应用市场应用宝首发，功能更为强大，满足微信商业化要求。5.0版围绕着一个中心点——微信商业化如何做，增加了多项新功能，同时调整了多项老功能。如何做到商业化而不伤害产品，产品又能托起商业化诉求，这是对微信5.0版的最大挑战。从微信产品在以下几个方面的尝试，可以窥探微信团队在寻找这种平衡点时所做的努力。首先是微信支付，作为5.0版新增功能，微信支付支持扫码支付、应用跳转支付和公众账号支付。一旦绑定银行卡，以后支付不需要输入繁复信息，仅需输入微信支付密码就可以完成交易。微信支付让那些开设公众账号的商家更容易实现交易，而对商业社会规则的震撼性影响则是之后推出的直接扫码支付功能。

另外，微信的“扫一扫”功能也得到改进，为微信的商业化想象提供无限可能。微信5.0版的“扫一扫”功能包括：二维码、条形码、封面、街景、翻译。每个功能都可看成是某种商业化尝试。微信游戏也是微信5.0商业化的一种尝试。微信5.0的启动页是一款“打飞机”小游戏，这个设置让腾讯内部使用测试版的一些员工也感到惊讶，凸显了微信以游戏平台为开端推进商业化步骤的策略。移动游戏平台具有极大的潜力，行业前景也令人倍感乐观。2013年百度以19亿美元收购91无线，现在百度每月可以从移动游戏业务中获得 1 000 万元收入，而移动游戏方兴未艾，金矿远远没有被挖掘出来。由于微信尝试在移动平台上塑造全新的移动互联网，从微信 5.0 版中人们看到了移动商业世界的价值。人们结束游戏后，还可以在微信的信息消费世界里 IM、进行朋友圈分享、扫一扫购物等。这个完整的闭环，是腾讯的战略棋局。最后，折叠公众账号是微信公众平台去媒体化的举措。从 2012 年 8 月公众平台上线，到 2013 年 6 月微信产品助理总经理曾鸣提出“微信不是一个纯粹营销工具”为止，公众平台上的账号以媒体传播的方式推送消息愈演愈烈。

值得一提的是微信公众号。微信作为手机通信服务，原本与媒体没有太大的联系。但 2012 年 8 月推出的微信公众平台却使其具有了一定的媒体属性，也因此引起了众多媒体人、企业和品牌持有者的关注。微信公众平台是腾讯公司在微信的基础上新增的功能模块，通过这一平台，个人和企业都可以打造一个微信公众号，可以群发文字、图片、语音、视频、图文消息五个类别的内容。目前微信公众平台支持个人电脑、移动互联网网页登录，并可以绑定私人账号进行信息群发。微信公众平台是一个自媒体平台，它是微信系统的重要组成部分，它的口号是“再小的个体，都有自己的品牌”，足以见得公众平台对个体草根的包容性。2013 年 8 月，微信升级到了 5.0 版，同时微信公众平台也作出了大幅调整，公众账号被分成订阅号和服务号，运营主体是组织（如企业、媒体、公益组织）的可以申请服务号，运营主体是组织或个人的可以申请订阅号，但是个人不能申请服务号。服务号的宗旨是为用户提供服务，1 个月内仅可以发送 1 条群发消息，可以申请自定义菜单，代表者主要是品牌、企业和电子商务类网站，如招商银行、中国南方航空、京东商城等。而订阅号的宗旨则是为用户提供信息和资讯，每天可以发送 1 条群发消息，代表者主要为媒体类，大致包含了四种类型：第一是门户网站的频道，如腾讯科技、新浪房产等；第二是传统平面和广电媒体，如南方周末、央视新闻等；第三是独立科技媒体，如虎网、36 氪等；第四则是个人化的自媒体，种类繁多，典型代表如知名媒体人罗振宇的“罗辑思维”，还有名人明星，也有草根。公众账号的自动回复功能，可以让用户通过回复特定关键词来获取想要的信息，企业可运用这个功能进行售后服务与顾客管理，提高用户满意度，增加顾客黏性，降低企业用于客服的人工成本。此外微信的语音功能天然适合于客户服务，相比冷冰冰的文字，语音显得更为人性化。

微信公众平台的申请条件非常宽松，每个人都可以拥有自己的公众号。2013 年 11 月 18 日，腾讯微信产品部副总经理张颖在微信开放大会上透露：微信公众平台开放后的 15 个月内，已经有 200 多万的注册账号，每天保持 8 000 个的增长速度，每天有超过亿次信息交互。

微信公众号与微博一样也可以进行认证，且需要满足一定条件方能申请认证，一般只有知名人物和企业才能认证成功。认证对企业和品牌的推广有较大的提升作用，可以建立公信力，获得更多订阅用户，进而扩大影响力。

7.3.3 微信的主要特点

1. 微信与微博的差异

相比微博，微信在以下几个方面有创新：

（1）“摇一摇”功能。用户通过“摇一摇”可以发现同一时间内使用微信并晃动手机的用户，从而两者可以以此为契机，建立新的聊天关系。“摇一摇”丰富了微信的用法，并增加了软件的趣味性，使微信从一个冰冷的工具性软件升华成了游戏探索的宝贝，为微信从与米聊的同质化竞争中获胜立下了汗马功劳。值得注意的是，这个看似简单的功能，其实也花费了制作者大量的心血。以声音为例，男性是来福枪上膛声，女性是铃声，这两个声音都经过了千挑万选，最终也获得了好评。微信的产品经理张小龙认为自然往往和人的本性相关，微信的“摇一摇”是个以“自然”为目标的设计。而现在“摇一摇”功能在音乐搜索、安全软件等都得到了广泛的运用，这也说明了业界对这个功能的肯定。

（2）“二维码”功能。用户通过扫描二维码可以方便地实现进入网址、页面跳转、添加好友等功能。相比传统的手动输入方式，二维码要简便许多。以图片代替了文字也更为形象生动，可以作为用户新的身份识别符号。商家也创新地利用二维码作为自己的营销工具，传统的广告页面包含公司的网址等信息，但是用户很难在短时间内输入或是记住，二维码的出现解决了这一难题，用户只需扫描一下二维码就可以关注公司的微信公众号，收到最新的优惠信息、活动计划或是产品资料，为公司的营销提供了渠道。腾讯正通过二维码打通线上线下的间隔，在网络世界与现实世界之间搭建了一座桥梁。同时，微信也借此逐步转型为公共媒体平台。

（3）“视频聊天”功能。微信在语音聊天的基础上还推出了视频聊天。这一功能大大扩展了微信的使用人群，丰富了用户的年龄层，对于特定用户显得更为人性化，例如适合情侣、父子之间的聊天等。视频所包含的信息量比起语音又进一步扩大，微信由此进入了富媒体时代，其信息表现的形式更加多样化。

（4）在信息传播和人际关系方面，微信与微博也有所不同。微博偏重信息发散状流动，微信偏重信息点对点流动。微博与生俱来的媒体属性使其十分鼓励用户去转发内容和大量传播信息，一条信息发出后可以经过无数次的转发而获得巨大的影响力，形成病毒般的链式传播，但也正因为如此而容易造成信息干扰，从而引起用户的反感；反观微信，由于其设计者张小龙是个极其重视用户体验的人，为避免信息骚扰，微信对信息传播速度和便捷性都做了大量限制，一条信息传播出去后影响范围有限，不会形成病毒式传播。尽管如此，但这种点对点式的深耕传播和干净简洁的用户的体验却容易获得用户的青睐，进而形成用户的忠诚度，沉淀下许多高质量的用户。其实无论是微博还是微信，其本质都是 Web2.0 时代的社会化媒体，但前者媒体属性更强，更为重视信息传播，用户间的关系是一种松散的弱关系；而后者更为个人化，不那么重视信息的大量传播，却极为看重其社交功能，用户间的关系呈现出一种紧密的强关系。

2. 微信与米聊的差异

与米聊相比，微信在产品理念上与米聊有很大不同：

（1）产品定位。米聊在产品的定位上曾有很长一段时间的迷茫，纠结于是要做熟人社区的强关系还是 LBS 的弱关系。但是反观微信，就深知用户需求。微信的定位从一开始就很明确，那就是做移动领域的 IM，并在此基础上，通过“漂流瓶”、“摇一摇”等功能实现对弱关系的挖掘，使用户扩大朋友圈，从而扩大联系的版图，总的来说微信走的路线是“通信加交友”。米聊虽然在推出时间上早于微信，但是在后续的一系列功能的上线时间上要晚于微信，所以错失了先机。

（2）公众账号。公众账号相比私人账号更有价值，因此受到严格的管理。一方面可以方便提供优质内容的自媒体人每天向外推送文章；另一方面也可以是公司注册的公众账号，为公司提供售后营销等一系列服务。从公众账号就可以看出，微信已经走出了一条与米聊截然不同的道路，开始由单个的消费者走向了企业级的用户。

（3）平台战略。微信正试图变为一个巨大的平台，在这个平台上，不同的参与者可以实现不同的目的。对于微信的设计者张小龙来说，他希望通过微信降低信息流动的成本，增加效率，通过微信为任何人和任何组织提供方便的服务。比如一家企业可以注册微信的公众账号，并生成自己的二维码，可以通过公众账号推送自己的最新产品的介绍，或者以往产品的促销信息，然后消费者可以直接进入企业微信商店内进行选购，同时利用微信“钱包”功能进行支付；消费者也可在线下看到所需要的信息，通过扫描二维码进入企业微信商店，这些功能大大增强了消费者的互动与忠诚度。对于售后服务，微信可以提供基于语音的一对一的客户关系管理，改善消费者的体验。这一切都在使微信这个平台的功能变得更加强大。张小龙很看好未来的智能家庭，在他的描述里，如果以后有了智能家电，可以通过微信实现与它们的互动，从而操控它们。在那时，微信连接的不再是人和人而是人和组织或者人和物。这样具有野心的平台战略是目前米聊所不能企及的。

可以说微信用户数量突破 4 亿并不是一朝一夕之间完成或者“一步到位”的，没有开发团队们数十个版本的不懈改进，是无法完成这样巨大的任务的。特别是后期微信支付功能的开通等，更是让用户越来越依赖微信了，人们的日常生活很多需求都能在微信上获得满足。

7.3.4 微信迅速发展的其他主要原因

1. 适应时代发展需要

智能手机时代，微信整合资源适应时代发展需要。目前，全世界智能手机销量已经达到14亿部，移动网络使用人数每年增长约66%。iPhone应用数量从2008年9月份的3 000个增至2010年的40万个，2013年iPhone应用数量已经达到了77.5万个。可以预见的是，以智能手机为载体的移动媒体在未来将具有巨大的发展空间，而未来的信息传播媒介也将会是多媒体平台的优化集成，就目前而言，微信的信息传播正是这一方向的有益探索。

满足了手机这一硬件要求后，还必须拥有被大众普遍接受的移动数据的软件支持。3G时代的来临将智能手机的推广方向从高端市场转向了低端市场。同时，微信使智能手机的功能得到最大化利用：微信语音对讲功能对应的是手机麦克风和扬声器，二维码和图片分享则充分利用起手机高清摄像头，手写输入功能利用的则是多点触屏，而商家们最喜欢的“摇一摇”对应的则是手机重力感应器这一新功能，查看“附近的人”对应的是GPS定位。

这些看似无法实现关联的功能被微信这一社交媒体整合得恰到好处，其作用都得到最大化发挥。

除了对手机基本功能的最大化利用外，微信还逐步实现了传播渠道的拓展和资源平台的整合。在这个过程中，微信推出了二维码扫描、LBS定位等功能。其中，二维码是一种身份认同，只需轻轻一扫便可辨别用户身份信息；而LBS定位功能则可以用来找寻朋友。此外，微信的系统插件已经自动连接手机通讯录、QQ通讯录、QQ邮箱、腾讯微博等服务，逐渐将移动互联网时代转移成为平台型时代的趋势加快。微信通过将这些优势平台整合后再集聚共享，已基本将人们日常所需通信工具、软件都囊括在内，因此微信可以说是这些通信工具的“集大成者”，其优势也就不言而喻了。

2. 腾讯用户群强大的背景支持

QQ在中国普及已有十几年的时间。它是由腾讯在1999年推出的即时通信软件，最初叫作“OICQ”，仅有两名用户——张志东和马化腾。后来OICQ改名为QQ，它能满足人们日常联系的在线聊天、视频观看以及办公中传送文件、QQ邮箱接收邮件的需要，还可以通过移动通信终端相连。目前QQ在全世界已经拥有10亿注册用户，同时在线使用人数近2亿。

QQ拥有强大的用户群，历经15年的用户积淀，其用户黏性已经超过了任何一款同类软件。用户对腾讯开发的软件多是经由QQ了解并使用。现在存在着一个奇怪的现象，业界都将腾讯视为抄袭的鼻祖，别人家有什么他家就复制什么，除了腾讯微博以外，似乎每一项“复制”都收到了良好的效果。究其缘由，QQ 强大的用户群实力着实不容小觑。

3. 女性使用者成微信主力军

通过调查，人们还发现：女性是微信使用者的主要人群。缔元信公司近期推出的《社会化媒体用户分群及因素研究》报告详细介绍了微信用户的使用情况、认知情况和未来转化情况，并且对这些情况的原因进行深层次挖掘。

随着互联网应用日趋生活化、社交化，女性在互联网上的地位日益上升。微博、微信的兴起，更让女性互联网用户的能量充分释放。特别是近一两年来，女性用户迅速增长成为社交媒体成长的重要推动力。刚刚用上微信（使用 1 个月以下）的女性用户比例大大高于男性用户，使用微信 1 年以下的女性用户比例也大多高于男性用户。与男性相比，女性社交更注重与周围朋友的联系和沟通，这在使用社会化媒体中表现相当突出。35% 的微信女性用户和 30% 的微博女性用户在使用之前，是从周围的人那里了解到微信和微博。周围朋友对新事物认可和接受对女性使用新媒体产生的影响更直接，而男性用户相应的比例分别为 30% 和 23% 左右。此外，35. 7% 的微信女性用户第一次使用微信的原因是“周围的人在用”，高于男性用户（29. 5%）。

从这份报告可以看出，女性在使用新媒体的时候更多地是通过熟人介绍，但是女性的总体使用人数却高于男性，在使用的过程中女性更倾向于和朋友之间的互动。现实中，女性利用微信朋友圈做营销的也更多，特别是女性钟爱的手袋、鞋子、衣服、墨镜等，都开始通过微信做起营销，从目前的形势来看似乎女性在这一方面也更擅长。

微信作为一款手机社交软件能在短时间内被大众所接受，一个主要原因就是其用户来源基于已有的腾讯用户，同时微信还可以实现跨平台的好友添加，微信用户可以通过访问手机通讯录来添加已开通微信业务的朋友和家人。微信不同于其他类似社交平台的特点就在于其建立的好友圈中均是已经认识的人，建立起来的人际网络是一种熟人网络，是强关系链。

7. 4 实验内容

7. 4. 1 微信注册使用

微信推荐使用手机号注册，并支持 100 多个国家的手机号。微信也可以通过 QQ 号直接登录注册或者通过邮箱账号注册。如图 7 - 4 所示。

图 7-4 微信注册界面

微信功能可以分为两大类：沟通功能和应用工具。如图 7-5 所示。

图 7-5 微信功能界面

7.4.2 利用微信进行交流

在主界面中点击对象可进入交流界面，或通过搜索找寻通讯录中的朋友展开对话。如图 7－6 和图 7－7 所示。

图 7－6 微信交流界面（1）

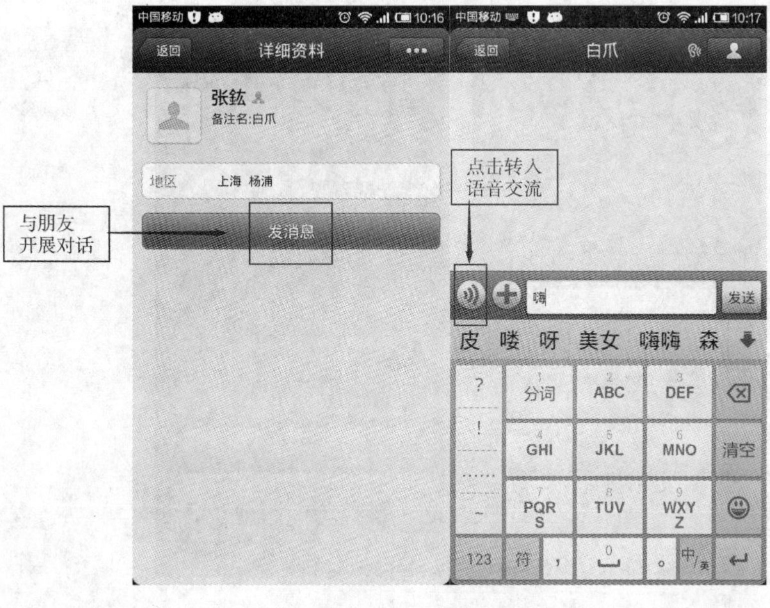

图 7－7 微信交流界面（2）

也可以用对讲机方式进行语音交流，如图 7－8 所示。

图 7－8　微信交流界面

微信也支持在朋友圈中发布照片及文字，其他人可以对这些内容发表意见，进行交流，如图 7－9 和图 7－10 所示。

图 7－9　朋友圈界面（1）

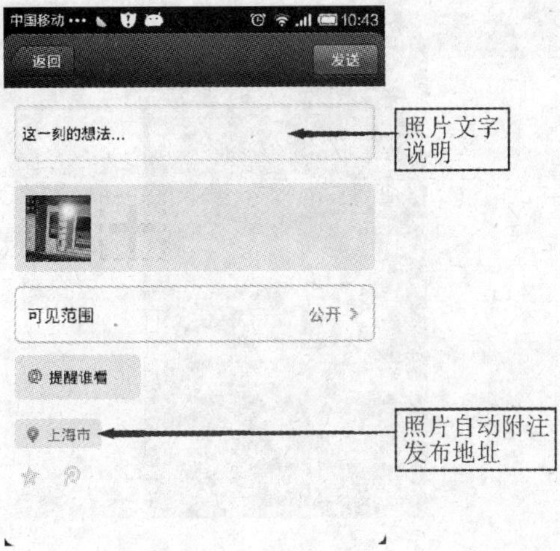

图 7－10　朋友圈界面（2）

7.4.3　添加微信朋友

添加的微信朋友，可以分为两类：一类是手机或 QQ 通讯录中的朋友；另一类是陌生的朋友。如图 7－11 和图 7－12 所示。

图 7－11　添加朋友界面

图 7－12　通过二维码添加朋友

7.4.4　应用工具——购物

微信 5.0 版正式推出了购物功能，目前是与京东合作。点击进入“发现”就可以看到“购物”。如图 7－13 至图 7－15 所示。

图 7－13　微信购物界面（1）

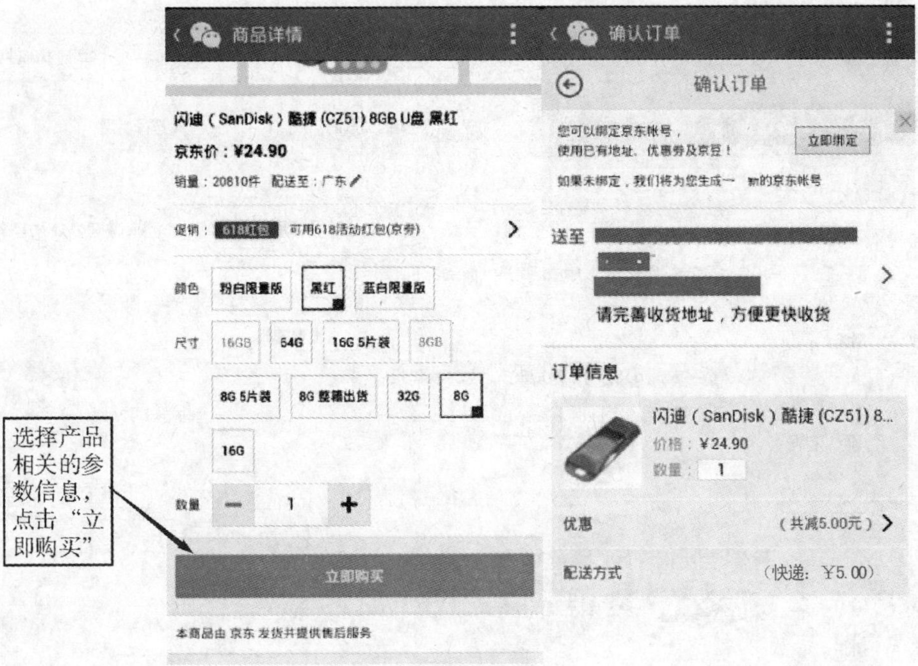

图 7－14　微信购物界面（2）

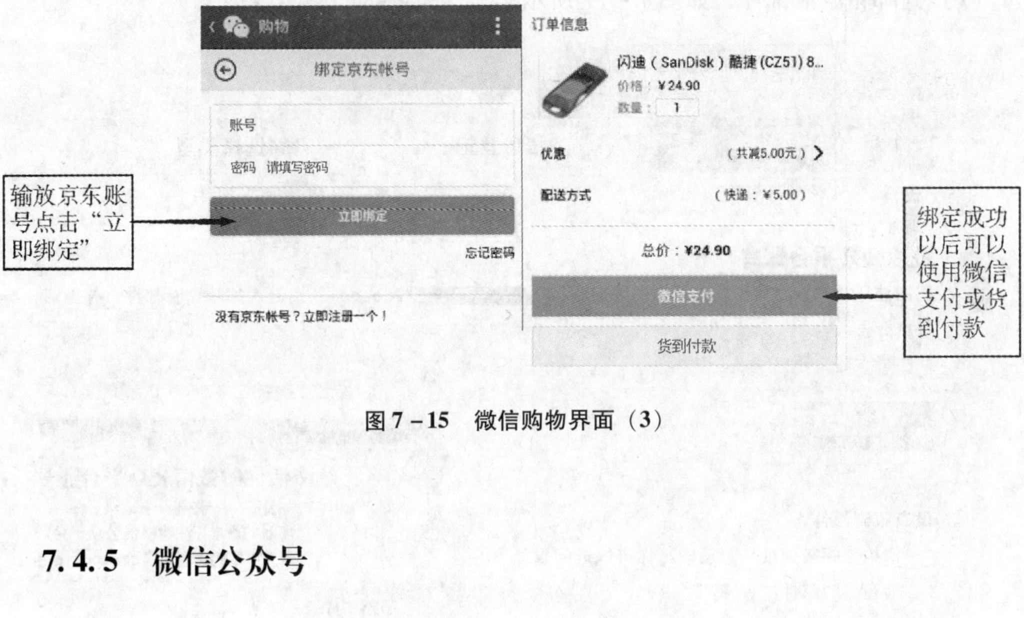

图 7－15　微信购物界面（3）

7.4.5　微信公众号

注册微信公众号，可按照以下步骤进行。

（1）打开微信公众平台注册页面，填写基本信息，如图 7－16 所示。

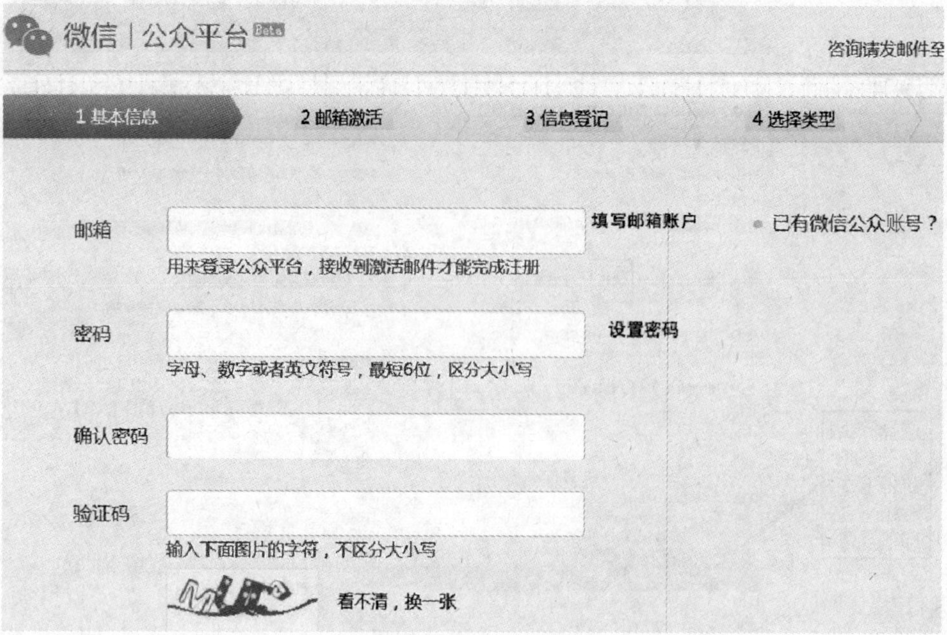

图 7－16 微信公众平台

（2）到邮箱激活邮件，如图 7－17 所示。

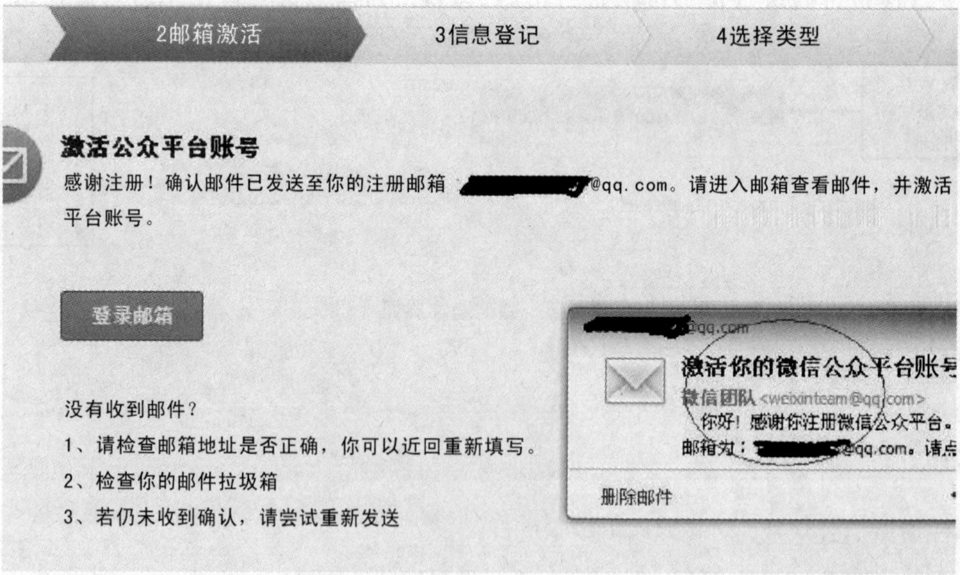

图 7－17 激活公众平台账号

（3）登记公司或个人信息，如图 7－18 和图 7－19 所示。

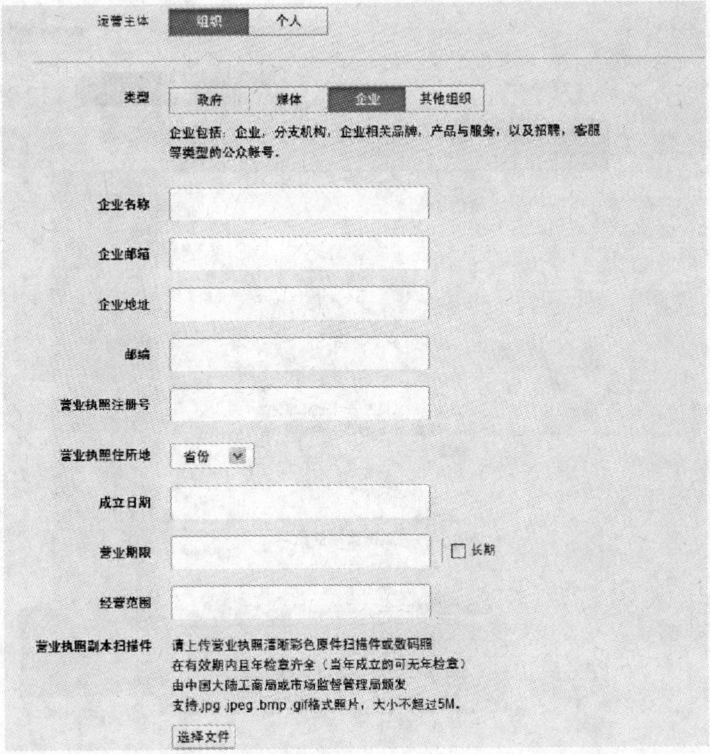

图7-18　登记企业信息

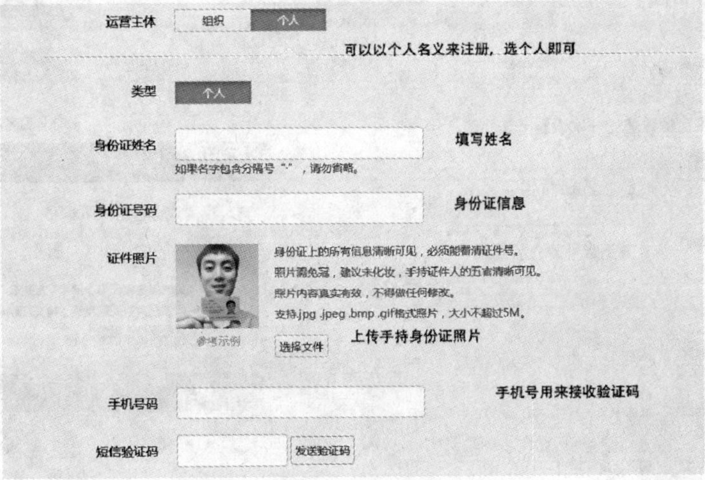

图7-19　登记个人信息

（4）选择类型。如果登记的是个人信息，则只能选择创建订阅号；如果注册时是以企业身份注册的，就会有服务号和订阅号供选择创建。如图7-20所示。

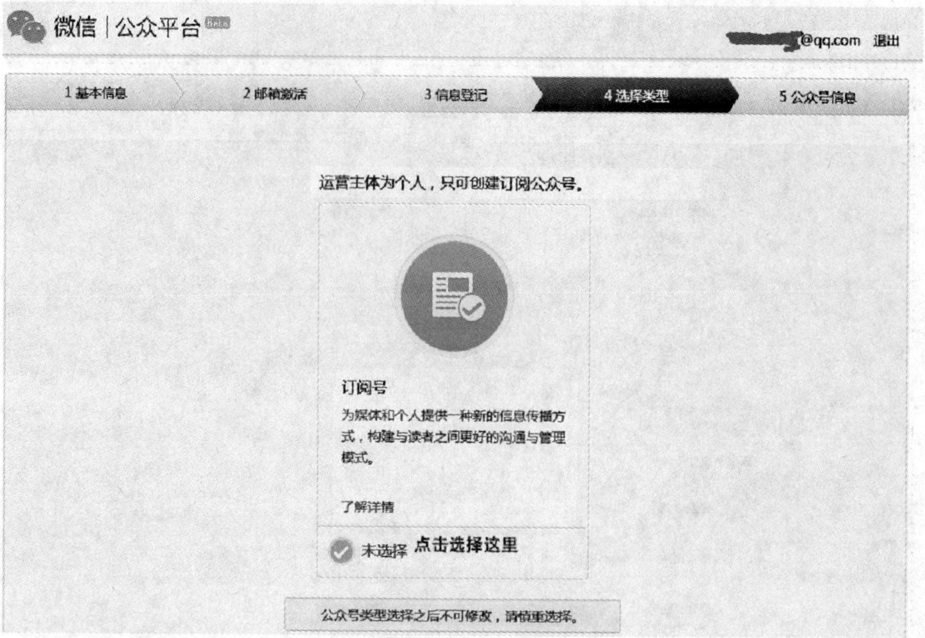

图 7 – 20　创建订阅号

（5）填写公众号名称、功能介绍等信息，如图 7 – 21 所示。

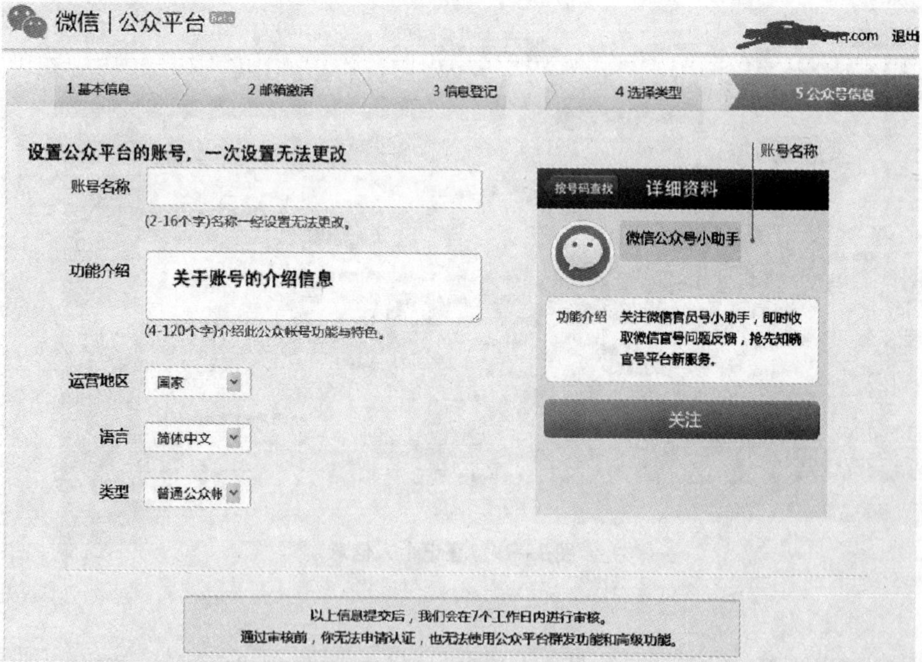

图 7 – 21　填写公众号信息

（6）注册成功，等待审核，如图 7－22 所示。

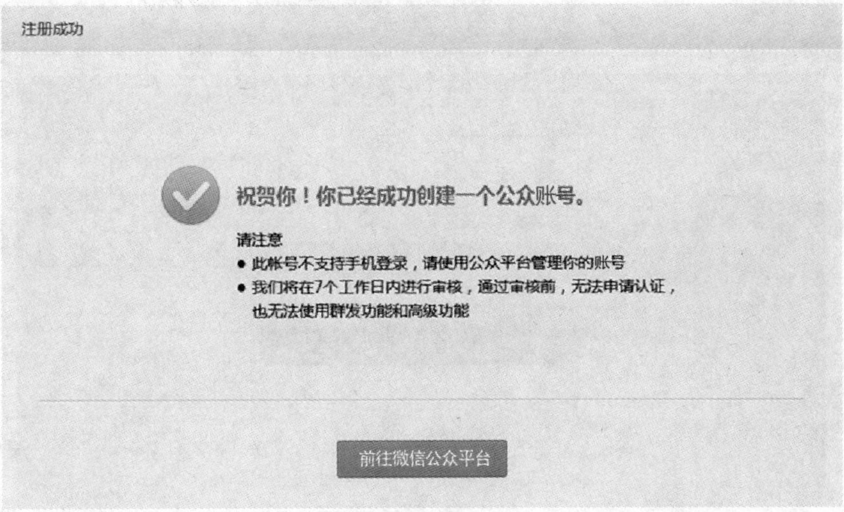

图 7－22 成功创建公众号

（7）微信公众平台无法在手机上面登录，用手机向微信公众平台群发消息需要通过微信公众号助手，绑定私人账号后，即可通过手机向公众平台群发消息。如图 7－23 所示。

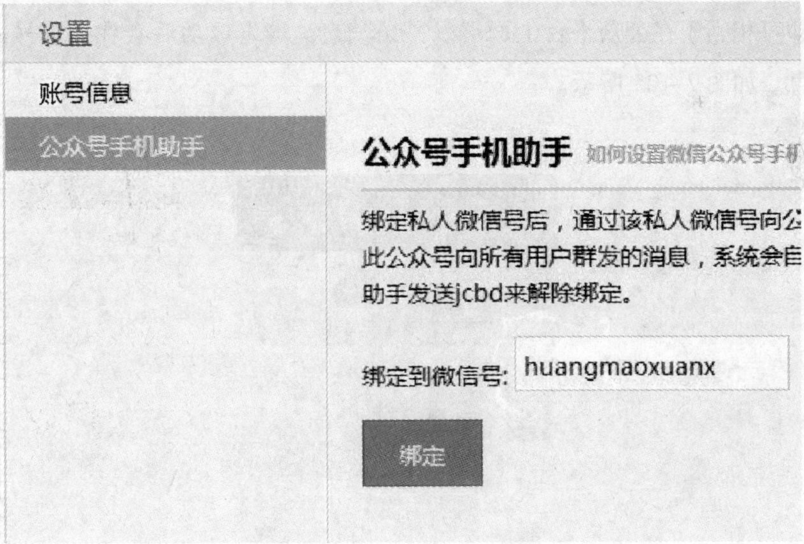

图 7－23 公众号手机助手

（8）登录手机微信，在手机上面添加微信号：mphelper。通过查找微信账号即可添加。如图 7－24 所示。

图 7－24　关注公众号

（9）使用微信公众号。

登录手机微信，找到公众号助手聊天对话框，即可编辑文字、图片、语音等信息，发送给公众号助手。发送编辑好的信息后，公众号助手会提示确认是否要发送。输入确认指令，即可相当于在公众平台上面群发一条消息。群发成功后会在公众号助手收到一条提示信息。如图 7－25 所示。

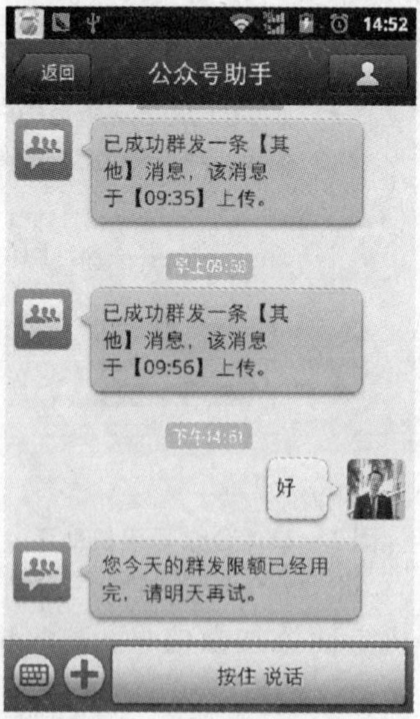

图 7－25　公众号助手

设置微信号，编写功能介绍（当网友找到此公众账号时看到的第一段文字就是功能介绍，介绍的质量也是决定网友是否关注的一大因素，应认真对待，就会有不错的结果），如图 7－26 所示。设置自动回复，自动回复有三种，包括被添加自动回复、消息自动回复、关键词自动回复。如图 7－27 所示。

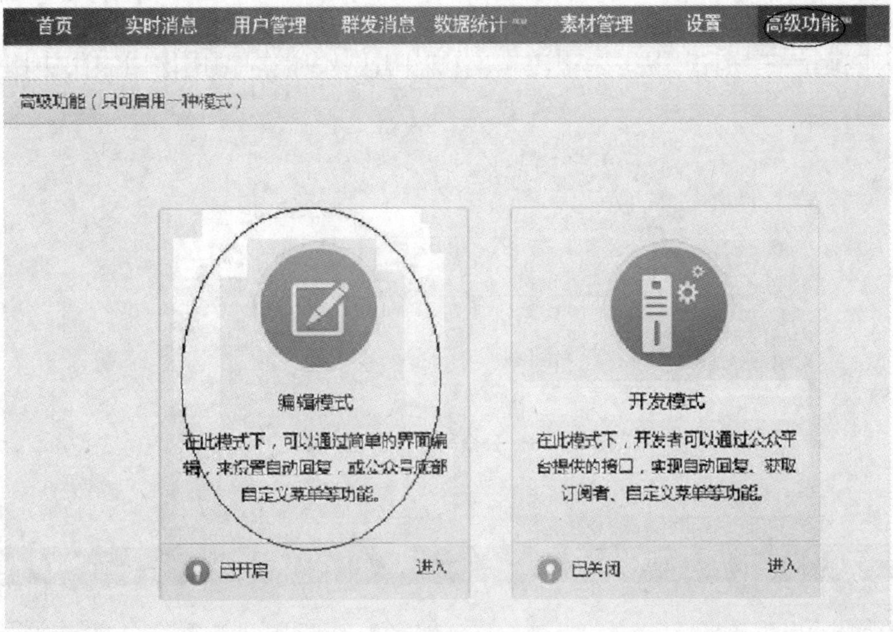

图 7－26　编写功能介绍

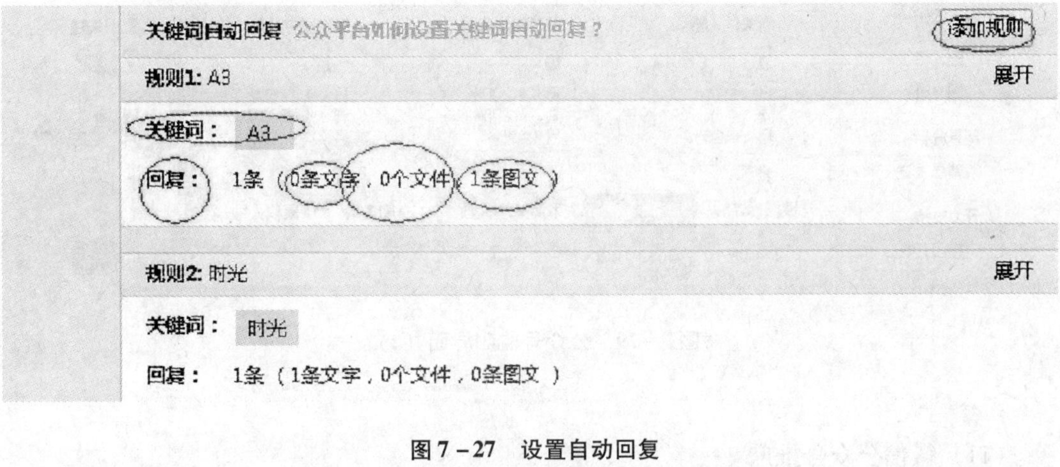

图 7－27　设置自动回复

（10）监测微信公众号，如图 7－28 和图 7－29 所示。

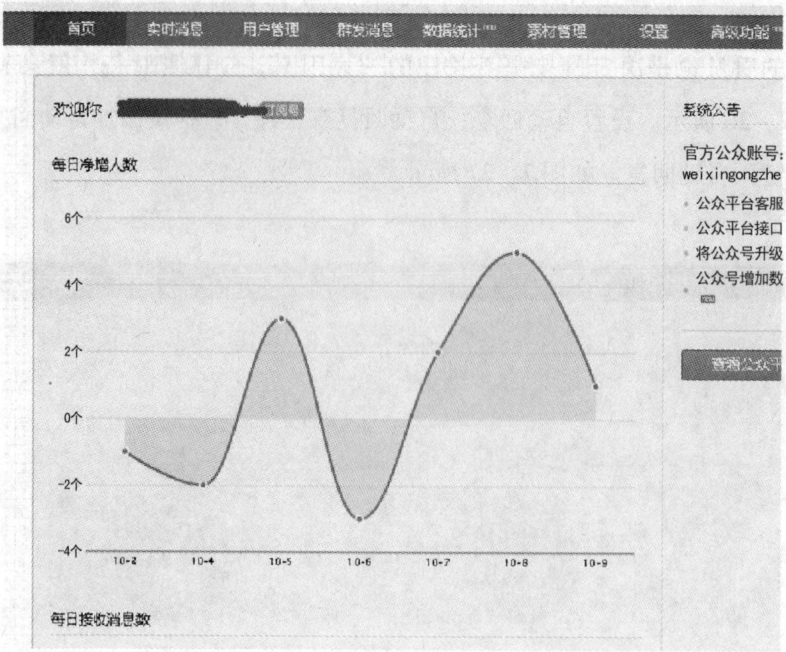

图 7 – 28　公众号监测界面（1）

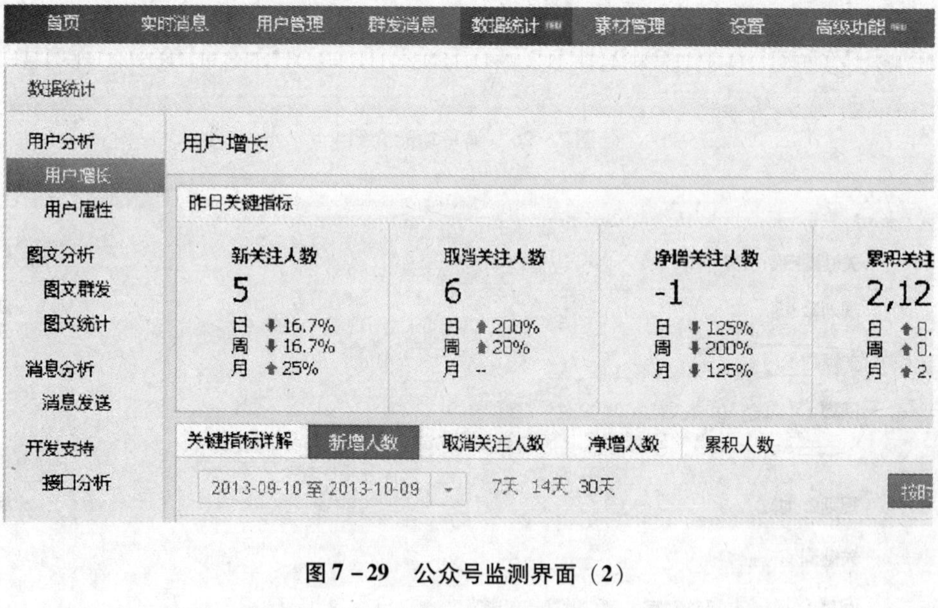

图 7 – 29　公众号监测界面（2）

（11）微信公众号推广。

微信公众号推广，即推广其微信名、微信号、二维码。

微信公众号搜索排名主要靠两个关键因素：关键词匹配、认证号。所以公众号的命名一定要谨慎，而命名之后是无法更改的，有条件的话尽可能去通过认证，加认证的微信公众号在搜索结果中会排在前面。如图 7－30 所示。

图 7－30　公众号搜索结果

在微信网文中，开展病毒式营销，如图 7－31 所示。

图 7－31　微信网文

在其他网页或传统媒体中，展示公众号的二维码，如图 7－32 所示。

图 7－32　展示公众号二维码

7.5　实验练习与思考

（1）创建个人微信订阅号；

（2）维护微信空间，发布不少于 5 篇与营销主题相关的微文；

（3）进行个人微信订阅号相关数据统计描述；

（4）针对一个企业的案例，为其建立一个微信服务号，制订相应的推广项目策划方案。

8 许可电子邮件营销方法与管理

8.1 实验目的

随着互联网的发展，电子邮件作为公司和消费者之间联系的重要工具，俨然已经成为人们生活的一部分。而在垃圾邮件泛滥的今天，在电子邮件营销中突出“许可”二字，为该营销活动增色不少。许可电子邮件营销正引领电子邮件这一广泛使用的工具，成为互联网中最璀璨的明珠。本实验的目的是让学生了解和掌握许可电子邮件营销的方法，学会通过电子邮件来进行营销活动。

8.2 实验要求

(1) 了解电子邮件营销的内涵和开展电子邮件营销的基础；

(2) 理解并掌握电子邮件营销的流程以及需要解决的问题；

(3) 掌握电子邮件营销的基本形式、常见错误、效果评估；

(4) 针对案例背景，制订开展电子邮件营销活动的策划方案。

8.3 实验理论基础

8.3.1 电子邮件营销的内涵

电子邮件营销（E-mail Direct Marketing）是指一切通过电子邮件的手段向目标客户传递有价值信息的手段集合。在电子邮件营销中必须包含三要素：许可、邮件以及营销活动。这三个要素缺少一个，都不能称为有效的电子邮件营销。

电子邮件营销在欧美国家已经非常成熟，在电子商务领域得到了广泛的应用，并且已经形成了普遍的认可。相比之下，由于国内电子邮件营销发展稍显滞后，故而在电子营销领域提出了新的要求。

电子邮件相对于其他媒体而言，具备很多优势。使用电子邮件营销与传统媒体相比，费用便宜，成本低廉，无论联系人数多少成本几乎没有变化；应用范围广、操作简单、效率高；其与搜索引擎优化、博客以及互动营销相比，效果更为显著，不需要花费大量工夫进行全盘优化、建立关系网站和积累文章，几个小时内即可看到效果甚至订单；对象精准、转化率高、反馈率高；长期与客户建立紧密联系，增强用户黏度。

8.3.2 电子邮件营销的基本形式

电子邮件营销是以邮箱地址为营销的起点，而现代电子邮件营销是以许可为要素。而许可电子邮件营销可以进一步细分为：收前同意、收后谢绝以及确认邮件三种方式，其中最后一种方式需要采用双方确认机制，即在向客户发送营销邮件之前，先向客户发送确认邮件，在客户确认之后再向客户营销，这样能够降低垃圾邮件的产生比例，从而提高营销效率。对于许可的电子邮件营销可以基于所有权划分为内部列表营销（客户主动取得）和外部列表营销（由第三方平台取得）。如表 8 – 1 所示。

表 8 – 1　内部列表营销和外部列表营销对比

比较项目	内部列表营销	外部列表营销
主要功能	客户关系、顾客服务、品牌形象、产品推广、在线调查、资源合作	品牌形象、产品推广、在线调查
用户信任程度	主动加入，信任程度高	由第三方发送，取决于服务商的自身品牌
用户定位程度	高	取决于服务商邮件列表的质量
获取新用户的能力	相对固定，效果不显著	新领域的用户推广，吸引能力强
资源规模	日积月累形成规模	根据预算的情形而定
邮件列表维护和内容设计	需要专业职员负责	服务商专员负责，可以对邮件的内容设计提供专业的意见

8.3.3 电子邮件营销流程及基本问题

电子邮件营销以获得电子邮箱地址为起点，以邮件得到反馈并作出合理回复为终点，完成一个完整周期。如此类推，周而复始形成了电子邮件营销活动。根据实践经验，电子邮件营销可以分为获取电子邮箱、邮件内容设计、邮件发送以及后期维护四个步骤，各个步骤需要解决的核心问题如图8－1所示。

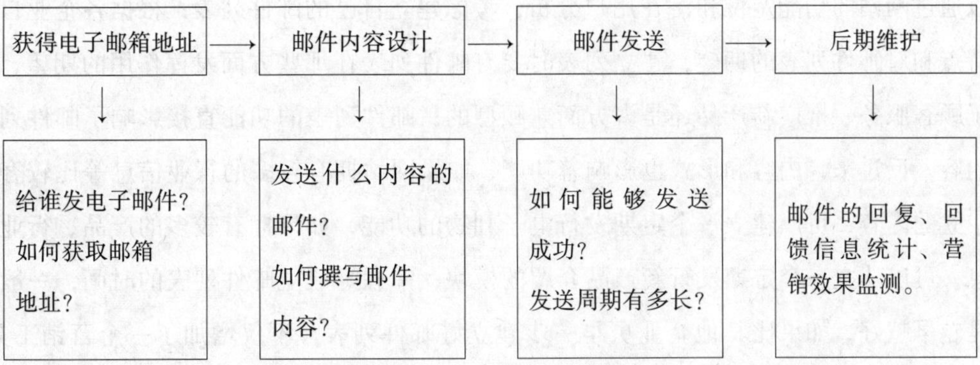

图8－1 电子邮件营销流程图

8.3.4 开展电子邮件营销的基础条件

开展电子邮件营销的不同时期都需要解决不同的问题，总的来说有三个基本问题需要解决：向谁发送邮件、发送什么内容和风格的邮件以及如何发送邮件。由此，给开展电子邮件营销的基础条件提出了要求。总的来说，基础条件分为以下三个方面：

（1）电子邮件营销的技术基础：从技术上保证用户加入、退出邮件列表，并实现对用户资料的管理、邮件发送和效果跟踪等功能。

（2）用户的电子邮箱地址资源：在用户自愿加入邮件列表的前提下，获得足够多的用户电子邮箱地址资源，是电子邮件营销发挥作用的必要条件。

（3）电子邮件营销的内容：营销信息是通过电子邮件向用户发送的，邮件的内容对用户有价值才能引起用户的关注，有效的内容设计是电子邮件营销发挥作用的基本前提。

8.3.5 电子邮件营销的策略

1. 内部列表电子邮件营销的策略

内部列表的用户主要包括现有客户、注册会员、邮件列表注册用户等。其主要职能在于增进顾客关系、提供顾客服务、提升企业品牌形象等。故而，内部列表电子邮件营销的常见问题是邮件内容、邮件容量、发送周期和个人信息保护政策等方面的内容。

了解了内部列表的基本问题和方法之后，最重要的是建立自己的邮件列表，经过实践之后，真正体会到邮件列表的营销价值。在进行邮件列表经营决策时，要考虑以下方面：进行经营资源评估，建立企业网站，根据网站目前的状况，通过网站访问者和现有用户、合作伙伴的推荐等方式，考虑获得更多的用户加入列表；如果网站还没有建好，可以通过网站的功能定位和潜在用户分析，考虑建立自己的邮件列表；根据各企业自身的特点和对邮件列表的期望，建立列表时要有邮件列表在那些方面发挥作用的期望，如用于顾客服务、推广新产品还是多方面兼顾型的；邮件列表的功能直接影响了邮件列表的内容，反过来，内容和形式也影响着功能，如果网站拥有较多的行业信息等比较客观和中立的内容，可以建立一个定期发行电子刊物的功能，如果拥有较多的产品、行业的信息，可以建立一个定期发行新产品介绍的模块；掌握好建立邮件列表的时间，一般情况是越早越好，如果比其他企业更早一步建立好邮件列表，不仅增加了一个营销工具，也保持了企业的竞争优势。

2. 外部列表电子邮件营销的策略

外部列表电子邮件营销的目的是以产品推广、市场调研等内容为主，工作的重点在于列表的选择、邮件内容设计、营销效果跟踪分析和改进等方面。

在开展外部列表电子邮件营销时，由于服务商本身的资源、专业水平和技术水平等因素的限制，仍需营销人员进行监控和跟踪。

首先要明确发件人信息。如免费邮件服务商和电子邮件营销代理商，广告客户委托这些机构发送电子邮件，那么应该明确发件人是广告客户还是代理商，因为如果知名度高，可以创造更好的效应；如果发件人不明确，则直接导致邮件不能回复，或者回复的地址是与广告客户和服务商完全没关系的地址。基于以上两个问题，在进行外部列表营销时一定要明确发件人、邮件主题、邮件正文和附加信息等。在发送邮件时，为了获得收件人的注意，采用一些别出心裁的邮件形式时，应该斟酌使用。要定时根据用户的兴趣和爱好，发送一些顾客感兴趣的邮件，不能把注册用户当成终身财产，不给用户注销的权利，应该要给注册用户绝对的自由和权利。

8.3.6 电子邮件营销效果评价及问题

在电子邮件营销活动中，需要对一些指标进行监测和分析，在评价营销活动的效果的同时，发现存在的固有问题，对营销活动进行控制和调整。对电子邮件营销效果的评价可以基于表 8－2 所示的分析体系进行。

表 8－2 电子邮件营销效果评估指标

指标作用	指标类型	指标释意
获取客户资源	有效客户数量	衡量有多少有效客户
	客户增长率	衡量客户的增长
	客户退出率	与增长率对照，衡量客户退出
传递电子邮件	到达率	衡量实际邮件到达用户的比率
	退出率	衡量被客户退回邮件的比率
客户接收/反馈信息	点进率	衡量点击广告按钮和附件的比率
	反馈率	衡量客户收到邮件以后的反馈程度
	转化率	衡量由于邮件而导致的客户直接购买、注册或者增加网站访问的比率
	转信率	衡量电子邮件受众在接到电子邮件后，实施了多少人次的转信行为

以上评价体系对于内部列表电子邮件营销和外部列表电子邮件营销而言是通用的，但是细分到客户资源、传递电子邮件以及客户接受/反馈信息，内部列表电子邮件营销和外部列表电子邮件营销的有效因子各有不同。对于内部列表电子邮件营销而言，其重点在于在企业品牌、顾客关系、顾客服务、产品推广、市场调研等方面发挥作用，更偏向于用户维护，获得尽可能多的用户加入列表，保持营销资源稳定增加，提高信息送达率，有效控制退信，使邮件内容获得认可，有较高的阅读率，获得用户信任并产生高的回应率。而对于外部列表电子邮件营销而言，电子邮件的到达率、用户反应率指标不低于行业平均水平，由此获得的直接收益大于投入的费用，或者达到期望目标更为重要。内部和外部列表电子邮件营销架构的目标也许有所不同，但是邮件发送过程中可能会遇到的问题却是同质的，如表 8－3 列出了邮件发送过程中的普适问题、主要原因分析和解决方略。

表 8－3 邮件发送问题、主要原因分析及解决方略

问题	主要原因分析	解决方略
发送不成功	1. 邮箱地址错误； 2. 软件操作不当造成 IP 被封； 3. 网络和硬件设备出现问题。	采用二次发送的方法，注意邮件发送的问题，提高邮件发送成功概率。

（续上表）

问题	主要原因分析	解决方略
发送成功但没有被打开	1. 邮件进入垃圾文件夹； 2. 用户对该类邮件不感兴趣。	1. 调整邮件发送对象； 2. 从内容撰写、页面布局等方面改善邮件本身。
打开邮件后被立即关闭	1. 内容没有吸引力； 2. 对客户帮助不大。	1. 发送合适内容； 2. 更换发送邮件列表； 3. 设计符合客户品味、需求的邮件。
经过很长时间才被打开	1. 邮件进入垃圾文件夹； 2. 客户很久没有登录邮箱。	1. 降低垃圾邮件概率； 2. 调整邮件列表。
打开邮件后没有最终被转化成购买行为	1. 超出客户的购买期望； 2. 内容超出使用期限。	1. 更换邮件发送列表； 2. 提前发送邮件。

在上述问题的解决方略中，出现频率最高、最核心的问题在于内容的设置。故而，在实际的营销操作中，除了进行恰当的电子邮件内容和风格设置以外，还应该避免出现内容上的错误。一旦错误出现，也应该及时提出恰当的解决方法。如表 8－4 就列出了常见的邮件内容错误和解决方法。

表 8－4　常见的邮件错误内容和解决方法

错误内容	解决方法
价格不一致	如果是邮件价格标识错误，立即修改服务器上的图片文件，并更新
商品脱销，显示无库存	立即修改服务器上图片文件，加上已经售完的标志
商品链接有误	更新链接
网站卡机	考虑发送道歉邮件，并附加优惠券或者进行促销活动

总的来说，电子邮件是企业与客户沟通的一种手段，通过电子邮件营销可以将企业最新的产品信息、企业动态以及企业文化送达顾客。电子邮件营销首先要有一个专业的技术平台，其次要尽量多地获得用户电子邮箱地址资源，然后就是丰富邮件列表的内容，使邮件列表能包含对用户有用的信息，从而吸引用户加入。

8.4 实验内容

1. 许可邮件地址库的建立

邮件地址库，可以在许可的基础上通过自建、购买、收集等方式互补进行推广。一般来说，自建部分的邮箱地址主要来源于网站的访问者，通常情况下，用户加入邮件列表的主要渠道是通过网站上的“订阅”栏目自愿加入，只有用户首先来到网站，才有可能成为邮件列表用户。因此订阅框的位置十分重要，不仅应位于主页，还要在醒目的位置。由于是用户主动进入，所以可以采取一些推广措施来吸引用户的注意和加入。此外，可以合理挖掘现有用户资源，提供一些奖励措施，采用第三方专业发行平台。表8－5为国内外典型外部列表电子邮件营销服务商。

表8－5 国内外典型外部列表电子邮件营销服务商

http：//www. bigfoot. com	http：//www. netcreations. com
http：//www. clickaction. com	http：//www. optininc. com
http：//www. e-dialog. com	http：//www. quris. com
http：//www. emailmaestro. com	http：//www. sparklist. com

2. 电子邮件营销中邮件的发送

在实践活动中，企业通常有SMTP服务器、EDM服务商、免费邮件列表以及邮件群发软件四种渠道进行邮件的发送。其中SMTP服务器方式技术要求高、不支持域名反向解析、短时间内大量的发送会造成队列堵塞，出现数据丢失，适合员工内部交流；EDM服务商方式能够有效地提升邮件传送速率和邮件传送率，但是按照邮件数量计费增加成本；免费邮件列表以及邮件群发软件操作简单，发送能力强大。由于课程实验条件的限制，下面罗列出免费邮件列表发送和群发邮件软件操作方法。

（1）免费邮件列表发送。

国内最早的专业邮件列表发送网站是网易，但目前国内最大的电子杂志和邮件列表专业发送网站为希网（www. cn99. com），下面就以希网为例创建一份邮件列表。

第一步，注册为希网新用户，并获取用户名及密码。

第二步，在登录框中输入用户名及密码，进入用户页面。

第三步，点击用户管理中心中的“我创办的邮件列表”，开始创建邮件列表。如图8－2

所示。

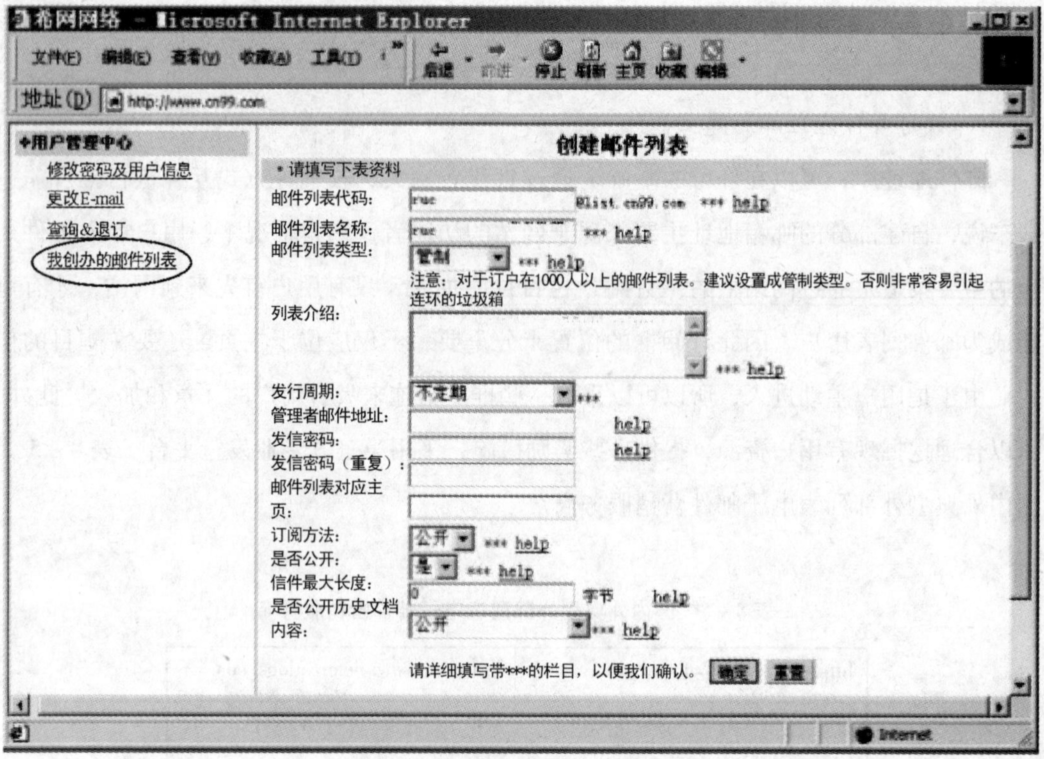

图 8-2　希网邮件列表创建界面

第四步，管理邮件列表，进行在线发信、批量订阅、管理订户等操作。如图 8-3 至图 8-5 所示。

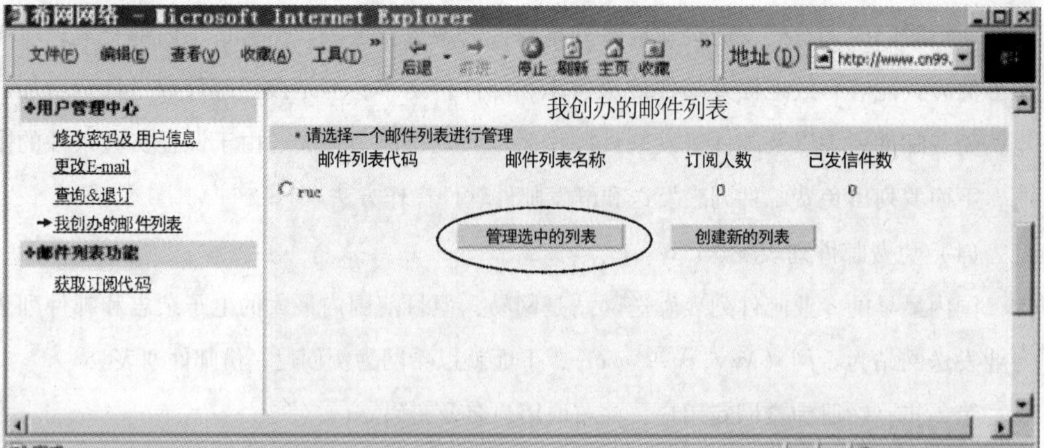

图 8-3　希网邮件列表管理界面

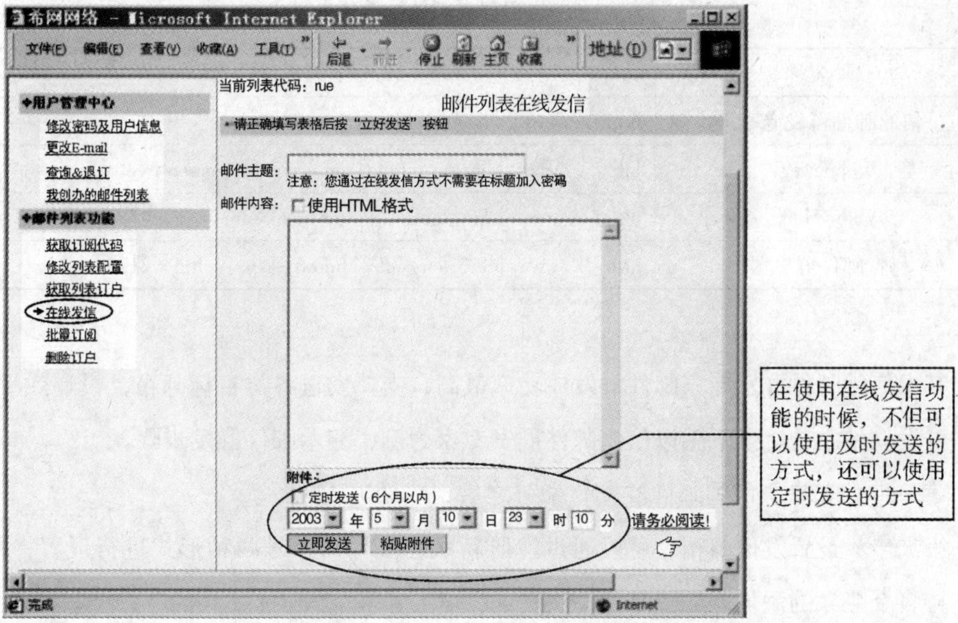

图 8-4 希网邮件列表发信界面

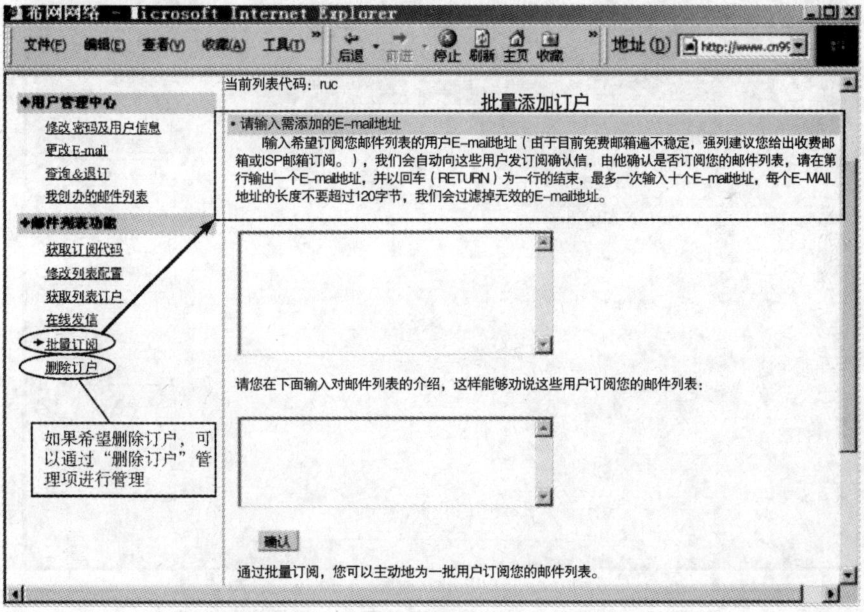

图 8-5 希网邮件列表管理订户界面

（2）群发邮件软件发送。

群发邮件软件是目前较为普遍使用的一种电子邮件营销工具，由此衍生出一批电子群发邮件软件，如表 8-6 所示。

表 8-6 常用群发邮件软件列表

软件名称	下载地址
信鸽邮件群发专家	http：//www. xinge001. com/youjian
Webpower	http：//www. webpowerchina. com/customercenter/freetry. php
VolleyMail	http：//www. labxw. com/link/email-qf. htm
科特邮件群发器	http：//www. jz123. cn/soft/softdown. asp？ softid = 2175

其中信鸽邮件群发专家邮件群发成功率最高，支持发送各类目标邮箱，投递效率高，当居群发软件之首。以下就以信鸽邮件群发专家为例，演示邮件群发步骤。

第一步，安装“信鸽邮件群发专家”之后，登录进入软件。

第二步，设置发信邮箱，可以通过注册新账号及导入账号两种形式进行设置，同时还支持多个账号的添加。如图 8-6 所示。

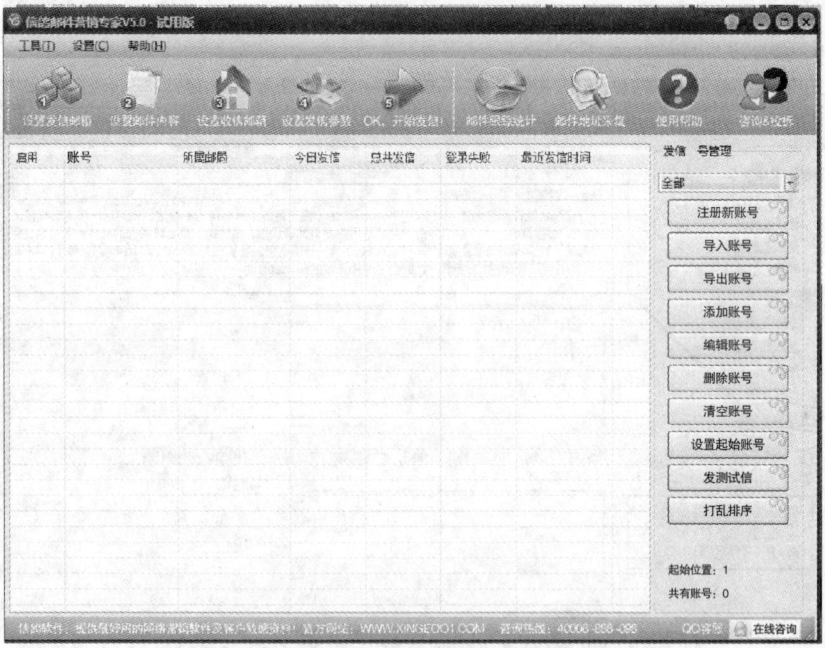

图 8-6 信鸽邮件群发专家界面——设置发信邮箱

第三步，点击“设置邮件内容”，对需要发送的邮件内容进行设置，既可以选择设置纯文本形式，又可以选择设置 html 形式。如图 8-7 所示。

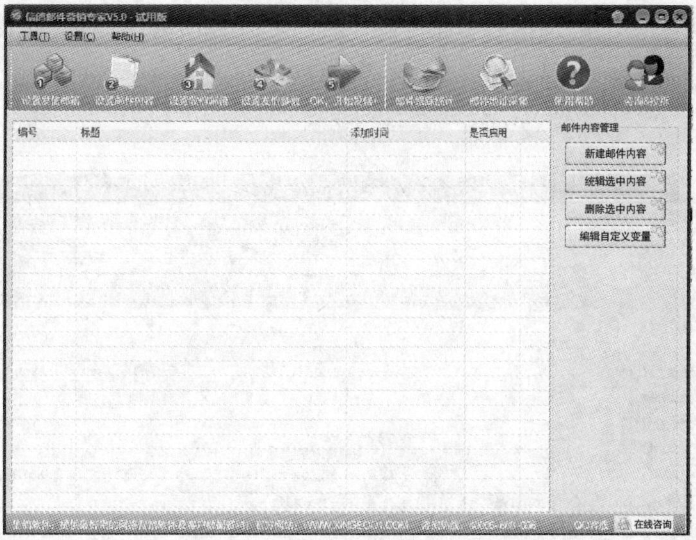

图 8－7　信鸽邮件群发专家界面——设置邮件内容

第四步，点击“设置收信邮箱”导入或者新建收件人，既可以采用已有的收信邮箱，又可以添加由其他途径获取的邮箱地址，界面的左边还提供拒收地址管理，能够及时调整邮箱列表，减少无效邮件的产生。如图 8－8 所示。

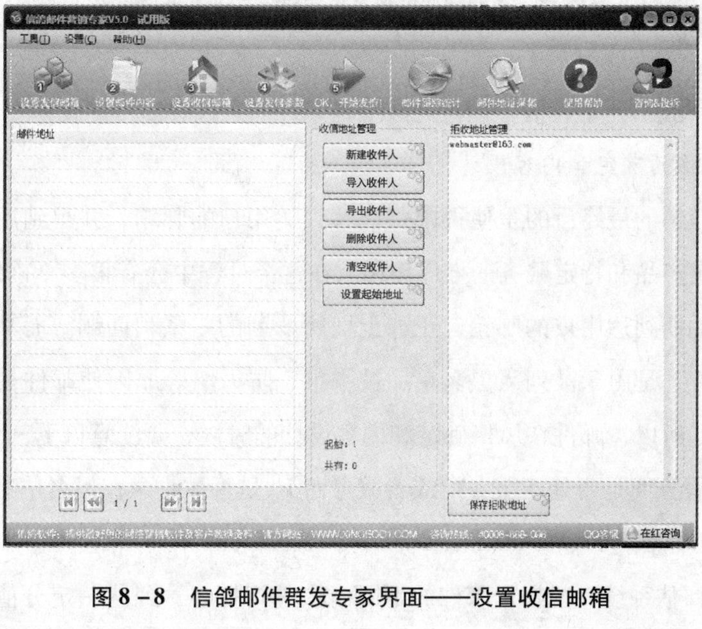

图 8－8　信鸽邮件群发专家界面——设置收信邮箱

第五步，通过设置发信参数，控制每日发信上限、每次收信人数量等基本参数，同时还能设置自动转换 IP 的发送数和注册数、延迟发送的时间、失败重试次数等，提高发信成功到达率。如图 8－9 所示。

图 8－9 信鸽邮件群发专家界面——设置发信参数

第六步，点击“开始发信”即可完成发送邮件的全过程。

3. 邮件风格的确定和内容设计

电子邮件营销的最终目的是使得邮件能够到达用户的邮箱，并得到用户的点击，从而起到对于特定产品和特定服务的推广作用。在这个过程中会有很多不确定性因素存在，使得邮件不能如期到达用户的邮箱，正如上面所罗列的一系列问题。而其中很大一部分不能送达的邮件，是由于被列入黑名单、被举报、防火墙等原因使邮件在传递过程中变成垃圾邮件了。所以，邮件在风格确定和内容设计的时候，要注意以下三个前期工作：

（1）检查服务商是否处于服务期或者服务商 IP 是否被收录在黑名单当中，可以通过既定网址查询（http：//www. kloth. net/services/dnsbl. php）。

（2）邮件评估系统一般根据邮件的不同内容进行打分，到达一定分值就会被列为垃圾邮件，故而标题和内容不能有明显的广告特征，减少夸张的描述性的语言，不要用特殊的符号。除此以外，还需要有真实的域名、联系方式等。

（3）提醒用户把邮箱地址加入白名单或者通讯录中，提醒用户点击“不是垃圾”按钮。及时处理退信、投诉邮件以及确认邮件。

具体的内容设计需要进行以下操作：

（1）设置发信人以及标题。

用正规的公司名称和网站名称，并且保持一致性，不要轻易改变。标题需要以吸引用户作为设置的中心，准确描述邮件的主要内容，使收件人容易从标题中获得重要信息，特别是使用容易被记住的名字，能够使用户产生莫名的好感。可以采取悬念式或者是咨询、号外的方式。用语平实，尽量减少使用高调的广告用语。以创意为先，给收件人带来视觉上的冲击力。如图 8－10 所示。

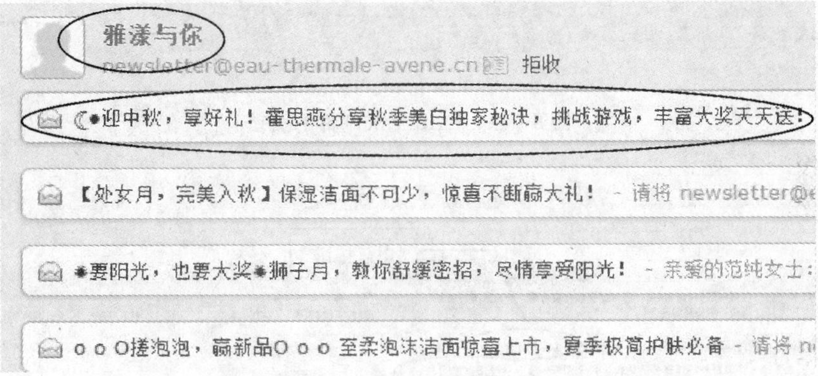

图 8－10　邮件目录界面——雅漾

（2）设置邮件内容。

合理安排邮件的布局，特别注意邮件的顶部和尾部，另外对于所有需要传递的信息要有主次之分。公司商标或者名称放在开头位置，重要推广内容应位于最突出、最醒目位置，可以通过控制内容的比例和位置来实现。相对地，其他产品或服务推荐放在不醒目位置。在邮件的尾部，给用户最方便的退订服务，尽可能不添加附件而改用转化行作为链接入口。具体内容应该简练地表达详尽意思，灵活地改变邮件风格，适当变化带来新鲜感可以减少收件人的审美疲劳。内容格式可以在 html 格式、纯文本格式中选择，如果采用 html 格式可以通过多媒体的形式进行呈现，如果采用纯文本格式，突出的地方应该加粗或者变色。最后，内容来源需要保持稳定性，可定期发送，例如以月为单位。如图 8－11 和图 8－12 所示。

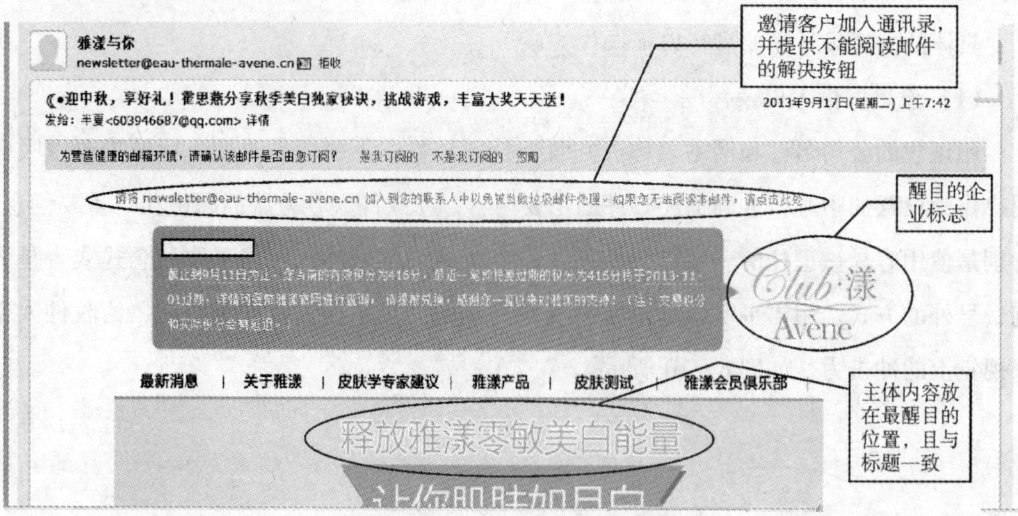

图8-11 html格式邮件的页首

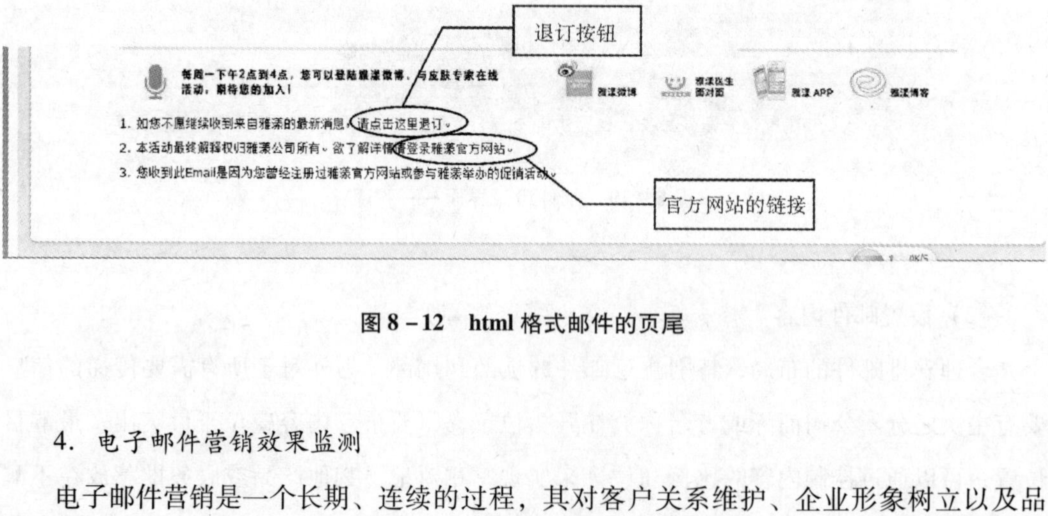

图8-12 html格式邮件的页尾

4. 电子邮件营销效果监测

电子邮件营销是一个长期、连续的过程，其对客户关系维护、企业形象树立以及品牌推广起到很大作用，只有持之以恒，面对不同的数据分析结果进行适当的调整，才能获得成功的营销效果。根据邮件发送平台选择的不同，邮件效果监测的数据可以由三条途径获取：在html设置中添加统计代码，依托群发软件自带的分析工具以及EDM邮件服务商。

（1）在html设置中添加统计代码。具体设置步骤如下：

第一步，下载并安装网页编辑软件Dreamweaver；

第二步，运行Dreamweaver软件，在Dreamweaver软件上打开所要监测的网站；

第三步，在代码编辑框中加入“百度统计”访问代码，然后保存（如图8-13）。

```
<script type=" text/javascript" >
Var _bdhmProtocol = (( "http:"  = document.location.protocol)?" http://" : " http://" );
Document. Write(unescape( "%3Cscript src=' " + _bdhmProtocol +
 "hm.baidu.com/h.jss%3Ff03cb49s36555341b8f397fes34fc296'
 type='  text/javascrit' %3e%3C/script%3E" ));
</script>
</BODY>
</HTML>
```

图 8－13　百度统计访问代码设置页面

第四步，即可在既定的监测网站的右下角看到“ ”标志。

（2）依托群发软件自带分析工具。如果电子邮件营销用户采用群发软件进行邮件群发，就可以通过群发软件自带的分析工具进行分析。由于群发软件对于数据更新一般存在滞后性，故而需要在数据更新后的时点进行数据分析。以信鸽邮件群发专家为例，如图 8－14 所示。

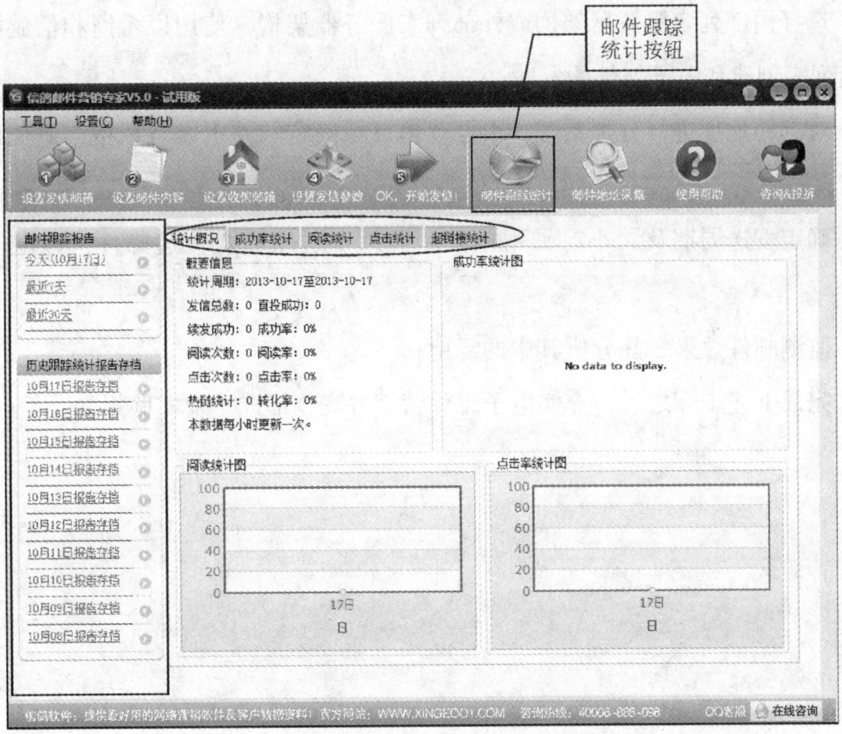

图 8－14　信鸽邮件群发专家数据统计界面

如图 8－14 所示，用户可以在软件界面的左边部分获取邮件跟踪报告和历史跟踪报告，在中间部分获取各个不同分目（如统计概况、成功率统计、阅读统计、点击统计以及超链接统计等）数据，并生成相应的图表。

（3）EDM 邮件服务商。EDM 邮件服务商由于具有专业的技术团队、丰富的资源支持，能够提供的数据测试类型也更为灵活。但是一般来说，在实际的操作中需要付出相应的费用，故而此处就不展开叙述。

8.5 实验练习与思考

8.5.1 实验练习案例背景

以小组为单位，依托网站建设的主题，采用电子邮件营销的方法对已有站点或服务进行宣传，可以是某个产品、业务的宣传或者介绍自己兴趣点，也可以是关联内容的宣传。

8.5.2 实验练习要求

（1）选择内部列表服务器架构或外部列表服务器架构，使用以希网和信鸽群发软件进行邮箱列表创建和电子邮件的发送；

（2）对邮箱地址进行分类整理，根据营销目标确定邮件内容及风格，避免出现常见的内容错误；

（3）确定发送周期及大小，采用单独和群组发送的形式传递邮件，拟定邮件回复内容；

（4）监测邮件效果，并分析其中的缘由；

（5）完成上述步骤之后，充实电子邮件营销方案，形成一篇实验报告。

9 SNS 营销推广

9.1 实验目的

在知识爆炸的信息时代，注意力资源已经成稀缺的经济资源。SNS 网站依托由交际者、朋友以及圈子组成的链状信息传播模式，已经在聚集力方面取得了很大的成功，为网络营销积聚了大量的客户资源，对于提高信息传递的有效性和快速性提供了有力支持。本实验的目的在于让学生领会 SNS 营销的特点和价值，通过甄别 SNS 营销过程中的重要因素，合理展开 SNS 营销活动。

9.2 实验要求

（1）理解 SNS 营销的特点和两个关键性问题；

（2）掌握 SNS 营销策划的基本方法，进行定位分析、营销目标分析以及内容规划；

（3）能够根据营销需求创建 SNS 账户，并进行 SNS 的基本操作；

（4）掌握 SNS 营销的内容策略，并合理采用营销技巧。

9.3 实验理论基础

9.3.1 SNS 网站的概述及分类

1. SNS 网站的概述

SNS，全称 Social Networking Services，即社会性网络服务，专指帮助人们建立社会关系网络的互联网应用服务，或已经普及的信息载体。SNS 是一种延迟性的信息服务，人们通过 SNS 服务平台，以朋友为媒介，拓展自己的人际关系。SNS 是“六度分割理论”在互联网中的完美应用，六度分割理论简单来说就是：你和任何一个陌生人之间所间隔的人不会超过六个，也就是说，最多通过六个人你就能够认识任何一个陌生人。通过

SNS平台的分享、转发、评论、私信等功能，每个个体的社交圈都不断放大，最终成为一个大型网络。SNS突破普通单线的“熟人的熟人”的社交模式，形成由交际者出发的，由朋友到圈子的链状社交模式。SNS与微博的相似程度非常高，但在注册方式、添加好友方式、使用动机以及关系网形成方面有相异之处。

SNS与微博的比较见表9－1。

表9－1　SNS与微博的比较

	SNS	微博
注册方式	实名制，引导用户完善基本资料（包括教育经历、职业属性等）	通过邮箱或者手机号码认证，对头像和名称没有限制
添加好友方式	成为好友，需要经过对方同意	单方面添加关注
使用动机	个人展示（日志、相册、音乐）	评论、关注热门话题
传播属性	强关系，建立“私密空间”，适合精准人群的特定营销	弱关系，属于“公共领域”，适合开放式营销
用户覆盖面	用户集中度高，黏性大，适合深度营销	覆盖面广，适合广泛宣传
内容侧重点	侧重交际，适合潜移默化的口碑传播	侧重新闻，适合话题或活动营销

2003年SNS在美国兴起以后，随即风靡美洲。国内的SNS网站也如雨后春笋般接连涌现，开心网、校内网骤然成为2008年互联网史上的明星词汇。我国SNS网站的发展大体上经历了三个阶段：①以“第二代交友”模式为核心的萌芽期，用户黏性不强，使用率低，增量客户发展缓慢。②随着国外SNS网站的发展，代表性SNS网站Myspace、Facebook的模式为国内SNS网站所效仿，以2005年为起点，51游戏社区、校内网、海内网、同学网逐步涌现，对象扩展到校园、网吧、城市流动人口、三线城市等。③2007年以后随着Facebook功能的多元化，游戏组件、网媒大量进驻SNS网站，形成了多种互动渠道相互联通，发展出邀请注册模式、VIP会员制度、广告以及虚拟物品交易模式。中国互联网现有的庞大用户基数和一直保持的高增长态势为中国SNS用户的数量增长提供了基数保证。目前国内的SNS服务正处于泛滥阶段，呈现出用户数量多、覆盖率高、服务种类多，大部分集中于16~26岁之间，市场潜力大，竞争不断加剧的特点。

国内外主流SNS网站见表9-2。

表9-2 国内外主流SNS网站

	网站	性质
国外主流SNS网站	Myspace	早期SNS网站
	Facebook	几乎占领全部的欧美市场，引领SNS网站新潮流，用户群体6亿，其中1/3的用户登录频率为1天1次，平均每个用户130个朋友
国内主流SNS网站	人人网（原名：校内网）	由大学IP地址或大学电子邮箱确定用户身份，发展为以同学关系为主的SNS，目前已经开放用户群体的资格
	开心网	娱乐性质极强的网站，通过姓名和公司认证，由于开心农场名噪一时，迅速占领白领用户市场
	腾讯朋友（原名：QQ校友）	QQ校友的升级版，采用实名认证形式
	QQ空间	在QQ的基础上设立，具有最大的用户群体，不需要实名认证
	豆瓣网	聚集相同文艺兴趣的用户群体，内容多为书籍和电影评论，属于非实名认证网站

SNS服务的核心在于好友之间的交流和反馈，以用户数和流量作为其流行程度的衡量指标。用户可以在里面结交新的朋友，形成虚拟社区平台。这样能有效地提升用户黏性，并让用户逐步沉迷于这样的社区。SNS最大的价值在于用户群，如果用户喜欢这个平台，就可能会通过各种方法邀请更多的新用户加入，形成SNS发展的一种滚雪球式的循环。总的来说，SNS网站强化了好友之间的联系和交流，并且通过游戏的方式娱乐用户，以“玩”的形式来增强用户之间的黏度，使得写作和更新日渐轻松。故而，目前娱乐就是SNS的主要价值，通过类似开心农场这样简单有趣的社会化游戏，能够开发不经常使用电脑的用户数群体，天量的用户和巨大的流量背后，蕴含着巨大的商机价值。

SNS网站把个人空间和公共空间结合在一起，可以发布个性的图像，方便地交友，还有论坛群和搜索等齐全功能。克服了网上论坛完全没有私人空间，以帖子为中心的局限性，提供了“我的地盘我做主”的博客所缺乏的公共空间。形成了对网上论坛以及博客的冲击，推动了其他公众认知地位的提升。但时至今日，SNS 发展也面临着瓶颈，一级人脉的价值（情感价值和经济价值）趋于稳定，二级或以上人脉则几乎没有价值，一二级人脉间难以贯通，这也将是SNS 营销发展的重要方向。

2. SNS 网站的分类及特点

SNS 作为最为火热的虚拟社区，根据同质话题进行凝聚、根据共同爱好进行凝聚、根据学习经历进行凝聚、根据周末出游的相同地点进行凝聚等形式，都被纳入 SNS 的范畴。SNS 主要分为以下四种类型。

（1）校园社交类。这是目前最受欢迎的 SNS 网站类型。以校园生活为载体，提供校友相册、校友录、校友论坛、校园原创等功能，揭示校园生活的心路历程，寻求校园生活共鸣。在此用户通常愿意相互透露真实姓名与资料，进行真实度较高的互动。国内这类网站的代表是人人网、ChinaRen 校友录。

（2）商务社交类。根据主要用户群体的不同，商务社交类 SNS 网站可分为两类：一种是以公司白领为主要的应用主体，以工作交流为核心，招聘业务也逐渐发展成为该类网站的重点，如天际网、白社会，这类网站主攻白领。另一种是以商家、店铺为主要的应用主体，将用户生活中疏散的商务关系用互联网连接在一起，让用户和商家更便利地进行行业交流和商务来往，如若邻网、人和网等。

（3）娱乐类。以年轻、时尚一族为主要用户群体，除了可以浏览彼此档案、留言、照片外，还可以互相赠送虚拟礼物，发布广告，以开心网、赛我网、城市达人为主要代表。

（4）其他 SNS 网站。除了以上三种 SNS 网站以外，其他 SNS 网站可以分为垂直类 SNS 网站以及综合类 SNS 网站。垂直类 SNS 网站面向某个领域，其核心是希望通过 SNS 的方式实现用户黏性的增加以及用户价值的再挖掘，通常是由垂直信息门户或者社区发展转变而来，分为学习类、音乐类以及婚恋交友类。SNS 网站通过特定的形式，吸引忠实用户，提供社交、互动及增值服务，结合线上线下的业务，满足用户的需求。综合类 SNS 网站以 Facebook、51 游戏社区为代表，为用户提供生活、社会、文化、情感、娱乐、文学、经济、教育、科技、体育等综合信息。

不同门类的 SNS 网站聚集了不同的用户群体，用户资源丰富，多是建立在朋友、家人的强关系之上，且存在情感维系的因素在内，用户依赖性高。SNS 网站允许信息的延迟传递，话题能够在社区网站上长期保存，用户互动性强。

9.3.2 SNS 营销的基本流程

SNS 营销的基本流程如图 9－1 所示。

接触消费者 → 消费者与品牌互动 → 达成行动 → 口碑传播

图 9－1 SNS 营销的基本流程图

（1）接触消费者是 SNS 营销商在通过对目标消费者进行精准的定位广告投放的基础上，在满足消费者情感交流、SNS 互动、应用娱乐、垂直社区、共同圈子等需求方面提供对应的服务和产品，从而创造大量和消费者接触的机会。

（2）通过应用植入、游戏活动与消费者进行互动，使得客户获得过程中的愉悦感和满足感，从而在不知不觉中传递相关企业、产品和服务的信息，传递品牌信息。

（3）通过消费者与品牌之间的互动活动，在轻松愉快的氛围中受到品牌信息的暗示和影响，从而提升消费者对于品牌的认知、偏好以及忠诚度，继而对用户的线上线下的购买行为的选择产生影响，促成消费者行动。

（4）用户从把网络虚拟活动转化为实际行动的过程中，实现了对既定品牌、服务的体验。用户在 SNS 作为营销中书写感想、抒发意见，能够带来强关系链的传播，从而带来朋友范围的关注度，实现品牌在用户口碑传播中的更大效应。

9.3.3 SNS 营销的两个关键问题

SNS 营销是以 SNS 上真实的人际关系，主要是朋友、家人、同事、同学，以“朋友告诉朋友，朋友邀请朋友”由点到面的传播机制为核心，利用 SNS 网站的分享功能，通过病毒式传播，达到推广目的的一种营销方式。在 SNS 网站营销的过程中，如何选择 SNS 营销的平台，选择何种营销方式，构成了 SNS 营销的两个关键问题。

1. SNS 营销平台的选择

不同的 SNS 营销平台凝聚不同的客户群体，使得 SNS 营销平台的选择成为 SNS 营销中的重要组成部分。SNS 营销平台选择应基于市场细分及定位的具体目标，既要考虑营销平台的影响力，又要根据目标受众的特征，匹配 SNS 营销平台。从用户群体基础上来看，总量最大、类别最多的当属主流的 SNS。但是在用户群体细分程度较高的营销活动中，以综合类 SNS 作为营销平台就变得事倍功半了，此时应该根据用户人群的类别、人数和人群构成百分比来确定SNS营销平台，以便精准匹配，如表9－3所示。

表9－3 综合类和垂直类SNS平台适用用户群体

	网站	用户群体
综合类SNS平台	人人网	主要是学生
	开心网	上班族
	QQ空间	80后、90后，伴随QQ成长的群体
	豆瓣网	文艺小资的受众群体
垂直类SNS平台	淘江湖	讨论相关的产品的买卖家
	沪江部落	英语学习者
	天极网	商业精英
	蜜秀网	女性服饰消费者

2. SNS营销方式的选择

（1）植入型营销。植入型营销是目前十分普遍的一种营销模式，多见于播放器贴片、电影场景中。SNS营销商通过与关联运营商进行合作，在游戏平台中植入相关的产品和服务的要素，SNS游戏、道具、虚拟礼物、场景中的产品成为主要载体。通过高频率的视觉刺激、隐性的劝说方式，给客户带来深刻的印象。

（2）互动活动型营销。互动活动型营销多以互动和分享的形式进行，通过设置有趣的活动或者游戏环节，让网友自动地参与其中，配合使用线上和线下活动，促使用户进行分享与传播，来实现一定的营销目的。例如人人网的活动专区，用户经常有机会获得奖品，如康师傅绿茶等。该类活动有重量级和轻量级之分，取决于营销商对于活动的定位和预算水平。

（3）公共主页型营销。公共主页型营销类似于微博的企业认证账号，通过打造单独的、个性化的形象页面，利用统一的渠道，与用户建立好友关系，进行品牌宣传、口碑传播的一种主流的营销方式。与一般的网络社区不同，这种方式不需要通过双方互相同意建立好友关系，只需要用户单方面添加好友即可确立好友关系。

（4）虚拟用户型推广。虚拟用户型推广中的“虚拟”，在于 SNS 网络平台中注册的身份可能是个人的真实身份也有可能是虚拟身份。虚拟用户型推广通过与 SNS 用户成为好友或进入相关群组，发布品牌、产品、网站或服务等广告性质的信息内容来实现推广目的的一种营销方式。但是这种营销推广方式应该建立在用户的信任关系之上，进行软性宣传与推广，属于非主流的营销方式，多用于小商家与淘宝店铺，对个人隐私、个人关系的要求比较高。鉴于人们对于网络的真实性的看法不同，推广的难度比较大。

四种 SNS 营销方式都有各自的特点、优势和适用的地方，故而在实际营销策略的选择中，要有所取舍地选择一种或者多种方式。依据预算、营销效果、营销周期以及操作难度等方面对营销策略进行对比，如表 9 - 4 所示。

表 9 - 4　四种营销策略比较

项目	植入型营销	互动活动型营销	公共主页型营销	虚拟用户型推广
预算	需要与其他运营商合作，费用高	社区自带功能，费用几乎为零	主要预算来自增值服务	主要是注册用户的费用
营销效果	适合在平台开展，灵活度高，效果好	视乎互动活动的策划创意和质量	活跃性高，效果好	容易获得成效
营销周期	广告的投放存在周期，不超过三个月	视乎活动策划的周期长短，一般不会太长	长期进行维护（以年或月计算）	营销周期较短
操作难度	通过技术嵌入，对于营销商而言难度低	主要难点在于创意和质量	主要难点在于长期的维护	终端需要人为操控，难度大

无论采取何种策略，SNS 营销商都应该同时考虑与其他产业联合运行以及线上线下相互配合的因素。

9.4　实验内容

在实际的营销活动中，不同的营销策略的区别仅在于与营销目标的契合度上，难以评判孰优孰劣。以下就依此列出不同 SNS 营销形式中，营销活动的具体开展内容。

1. 植入型营销

关于植入型营销的成功案例，2009 年曾经风靡一时的开心网“中粮悦活”开心农场游戏是历史上浓墨重彩的一笔。上网一族茶余饭后的话题都是种菜、偷菜，开心农场成了他们每天开机后、关机前必备的活动。那么“中粮悦活”为什么选择从开心网植入？为什么定制开心农场的游戏？为什么能够在短时间内带来如此大的社会反响？

第一，符合品牌价值，贴近目标受众。

关于“中粮悦活”为什么选择开心网作为网络营销的平台，以及为什么选择开心农场作为营销载体的问题，从品牌名称上看，“悦活”有快乐生活之意，正好与开心网的网站名称意义相符；从中粮的目标产业来看与开心农场的内容相近。粮油食品加工产业可分为五个层次：第一是农业服务业，生产种子、化肥、农药等；第二是种植业和养殖业，产品包括牲畜、粮食、奶、糖等；第三是大宗农产品的贸易，比如进出口、内贸、物流；第四是农产品的初加工，这其中有生物制品、赖氨酸、谷氨酸等；第五是食品消费品生产，这里面包括肉制品、奶制品、糖果、酒类等的生产。由此可见，中粮以农产品为主的生产链，实际上承载了其“自然至上”的品牌含义。中粮希望以自然、绿色的食品，来为人们健康生活提供便利，消费者年龄一般在 25 ~ 40 岁。设置开心农场这一游戏，既与中粮悦活的品牌形象相匹配，又与开心网目标受众相匹配。开心农场界面如图 9 – 2 所示。

图 9 – 2　开心农场界面

第二，隐性植入，用户体验自然而然。

“中粮悦活”为了和其他果汁商形成差异化的竞争，主攻中低浓度果汁市场。开心农场游戏包括从植物种植到果汁生产各个环节的活动，与悦活的产品性质相符合，自然而然地就融入游戏过程当中。而且让用户完整地参与生产过程，从而对悦活“自然至上”的品牌理念有了深刻的理解，更增添了对产品的亲切感和好感。

第三，深度植入，用户印象深刻。

“中粮悦活”开心农场还原真实的农场不仅仅在于流程的设计上，还在于细节设计上。开心农场的种子是多种多样的，这恰好对应了不同口味的果汁，同时还设计了不同的产地，尽可能多地传递更多的产品信息，进一步加深用户对“悦活”果汁产品品种、产地的印象。另外，充分利用了 SNS 的关系链条，在游戏规则中设定可以将生产出来的果汁赠送给好友，特别在抽奖环节要求用户必须完成好友馈赠的环节，使得活动信息作为一种新消息被越来越多的人知道。除此之外，线上与线下活动充分结合，设计了真实的果汁礼盒，还曾经在北京举办真实农场活动，引导消费者的认识，将虚拟转化为现实。

“中粮悦活”在开心农场活动中所体现出来的特质，很好地诠释了企业在 SNS 营销的各个层面中应该采取的方式和重要影响因素。

2. *互动活动型营销*

在互动活动型营销中，互动的双方是消费者和企业，尤其强调双方的共同行为。只有抓住相同利益点，找到巧妙的沟通时机和方法才能将双方紧密地结合起来。2009 年麦当劳启动的“麦当劳见面吧”活动（见图 9－3），在高校掀起了一波浪潮，门市店在活动期间每每爆满，为互动活动型营销提供了典型的案例。

图 9－3　“麦当劳见面吧”活动界面

第一，吸引客户参与活动。

活动的规则简单、有趣，让用户获得好的体验的同时，还能够让用户获得其他附加价值。在整个活动期间，麦当劳还在人人网“见面吧”上设置了大量的互动活动，同时还开展评选美好友谊故事、分享甜蜜爱情故事等活动。此外，麦当劳还举办了“真朋友大测试"、"人气王"、"朋友仪"等小活动，这些活动吸引了大量的年轻人参加。新颖丰富的互动环节是麦当劳此次营销成功的重要因素。

第二，引导客户传播活动信息。

利用SNS用户关系网络发挥"人拉人"的效应，设置具体的活动，通过邀请好友的形式，自发地扩大传播的范围。比如"麦当劳见面吧"活动中的子活动，征集"101个见面的理由"，用户可以通过人人网的邀请功能发给好友，鼓励用户写下真挚感人的见面理由。

第三，活动扣准推广目标。

"麦当劳见面吧"主题推广旨在鼓励大学生在暑假期间，多与朋友进行面对面的交流，享受丰富多彩的社交生活，增加真实的社交体验。从推广对象出发，提炼出推广的关键要素，将它渗透进活动中。配合"见面吧"主题，分三阶段进行"老朋友见面吧"、"再远也要见面吧"以及"甜蜜一刻见面吧"，举办线上线下互动活动，邀请远方的朋友来家乡旅游，和最知心的网上密友分享在麦当劳的甜蜜时刻，给朋友欢聚时刻，增添轻松乐趣和缤纷滋味。

第四，线上活动对接线下活动。

"麦当劳见面吧"线上对接线下活动"见面吧"，提供麦当劳夏日优惠美食及礼品，在友情交流同时，给中国消费者带来优质美味和心动价格。多款夏日优惠美食及礼品，本身即是诱人线下见面的理由。

3. 公共主页型营销

人人网和开心网都有公共主页，而公共主页在豆瓣网上被称为品牌迷你站。公共主页是在SNS上提供的一个集中做品牌、服务以及产品交流的地方，如图9-4为屈臣氏在人人网上的公共主页。

图9－4 屈臣氏的公共主页

与个人主页不同，公共主页可以在中央区域展示海报，一般会用专门的网页设计工具做背景，允许任何人成为好友，信息完全公开。展示区内会有多媒体资源，日志为产品或服务进行详细介绍，相册则用来进行全方位的展示。如果通过认证的话，能够增添权威度和可信度。在内容策划方面，结合大家喜欢的内容，如名人、热点、星座、节假日等进行。另外，增加好友，加强互动，添加有效账号，加入创建群组，积极回复，开展互动活动。

一般来说，开心网采用在线申请的方式，人人网采用邮箱申请的方式。以人人网为例，以下为开通公共主页的基本步骤。

第一步，进入人人网公共主页开放注册页面，登录已有的人人网账户；

第二步，点击“点此创建”按钮，选择要创建的公共主页的类型，如图9－5所示；

图 9－5 人人网公共主页创建界面

第三步，输入要创建的类别和名称，然后点击“立即创建”；

第四步，进行手机验证，输入手机号以及接收到的验证码，然后点击“创建完成”；

第五步，依次上传照片、公共主页的头像，然后点击“下一步”；

第六步，邀请好友关注，然后点击“完成”即可；

第七步，公共主页创建成功，用户即可以开始浏览公共主页。

4. 虚拟用户型推广

在虚拟用户型推广中，由于是以个人的身份开通 SNS 平台账号，所以在账号创建方面与个人账户开通方法无异。但在实际账号维护的方面，应该注意几点：头像具有亲和力，可以增加成功率；通过地域、公司、年龄进行精准的搜索，添加目标用户；加入或创建相关的圈子与群组，进行软性推广与宣传；避免直截了当的方式，先取得顾客信任再进行下一步操作。

9.5 实验练习与思考

9.5.1 实验练习内容

以小组形式，选择某一企业作为蓝本，采用 SNS 营销的方法及技巧对其进行推广。在分析其营销目标和定位的基础上，撰写并实施 SNS 营销推广项目策划方案。在课堂上以截图为素材制作 PPT 进行展示，分析思路与过程，并进行讨论，最终形成 SNS 营销推广报告。

9.5.2 实验练习要求

（1）针对案例背景，合理分析目标受众群体，采用匹配 SNS 营销目标与推广网站营销需求的方式，制订相应的 SNS 推广项目策划方案。

（2）创建 SNS 账户，选取其中一种 SNS 营销方式，进行微博昵称与头像的设定（例如，公共主页营销方式头像及昵称需要体现网站特征，选择虚拟用户推广方式，昵称尽量采用具有真实性的个人化的特征）。

（3）添加目标用户为好友，采用友好性方式使得客户接纳邀请，另外可添加竞争对手、行业信息、热门咨询、业务关联商户为好友。

（4）维护 SNS 账户运行至少一周，每天所发布的内容中至少有一条与营销内容相关，结合多种元素编辑营销信息，加入所创建的圈子。

10 电子商贸网站推广

10.1 实验目的

本实验的目的就是让学生了解典型的 B2B、B2C、C2C 在线交易平台，咨询投诉平台的服务功能，特别地对于不同类别的商贸网站平台进行分析对比，了解各个不同平台的对象、优势及劣势。针对不同的企业的背景资料，选择合适的电子商贸网站平台，合理开展营销推广活动。

10.2 实验要求

（1）了解典型的电子商贸网站平台，并对其主要服务、特色服务、盈利模式和营销策略进行分析；

（2）对比不同的电子商贸网站，选择适合的电子商贸网站平台进行业务推广；

（3）掌握典型的电子商贸网站平台推广的基本流程，并针对实验背景要求，制作适当的推广方案。

10.3 实验理论基础

10.3.1 电子商贸网站的内涵

电子商贸（Electronic Commerce，简称 EC）指利用互联网为工具使买卖双方不谋面地进行的各种商业和贸易活动，这种商业和贸易活动不仅仅局限于企业及其供应链成员，也包括企业对消费者、个人对消费者等多种类型。

2013 年 3 月电商网站排行榜前十位如表 10 - 1 所示。

表 10－1 2013 年 3 月电商网站排行榜前十位

排名	电商网站	类型
1	淘宝网	B2C/C2C
2	天猫商城	B2C
3	阿里巴巴	B2B
4	京东商城	B2C
5	亚马逊中国	B2C
6	拍拍网	B2C
7	国美电器	B2C
8	当当网	B2C
9	易迅	B2C
10	去哪儿	B2C

资料来源：中商情报网，http：//www. askci. com/。

10.3.2 电子商贸网站商业模式

相比较于有站点的企业网站建设和品牌打造，电子商贸网站属于无站点的推广形式。

按照交易对象的不同，电子商贸网站的商业模式可以分为 B2B 模式、B2C 模式以及 C2C 模式等。

（1）B2B（Business-to-Business）模式，即企业对企业的模式。B2B 模式是将买卖双方与他们的中间商之间的信息交换和交易行为集中到一起的电子运作方式，商品流是从企业流向企业。B2B 模式是最重要和最受企业重视的形式，企业通过互联网平台为每笔交易寻找最佳的合作伙伴，完成从订购到结算的全部交易行为。在 B2B 的商业模式中，企业通过独立建立企业网站、加入联盟以及进入行业 B2B 网站实现营销活动，行业 B2B 网站又分为综合类 B2B 与垂直类 B2B，前者包括阿里巴巴、慧聪网等，后者包括中国化工网、中国服装网等具有行业特色的网站。

（2）B2C（Business-to-Consumer）模式，即企业对消费者的模式。B2C 模式是中国最早产生的电子商务模式，随着互联网的发展，在网上形成了多种商业中心、虚拟商店和虚拟企业，使得实体商品交易虚拟化，以 8848 网上商城正式启动为标志，目前比较大型的电商网站包括天猫商城、京东商城以及亚马逊中国等。

（3）C2C（Consumer-to-Consumer）模式，即消费者对消费者的模式。C2C 模式实质上是一种平台模式，采用会员制的方式，通过电子商贸网站建立网上商店或发布信息，吸引消费者进行选购和交易。C2C 模式是中国很热门的一种方式，最具代表性的为淘宝网，早在几年前就已经超过了沃尔玛、麦德龙等实体零售商。

10.4 实验内容

了解大型电子商贸网站平台，并对其分析，在此基础上针对实验背景要求对不同的电子商贸网站进行评估，选择适合企业的商贸网站平台以及合适的营销手段，进行业务推广。

综合类 B2B 范围广、行业多，在 B2B 商贸网站中具有举足轻重的作用。综合概括 B2B 商贸网站的发展状况，以典型的综合类 B2B 商贸网站阿里巴巴为例，以点到线地探讨中国 B2B 电子商贸网站的发展状况。

阿里巴巴是目前国内做得最好的综合类 B2B 服务商，依托旗下集中服务全球进出口商的国际交易市场、集中服务国内贸易的中国交易市场以及服务日本外销及内销的日本交易市场这三个交易市场为全世界的卖家和进口商与来自国内外的制造业供应商进行联络。此外，阿里巴巴也在国际交易市场上设有一个全球批发交易平台，为规模较小、需要小批量货物快速付运的买家提供服务，在外贸和内贸方面都取得了不错的成绩。

1. 阿里巴巴发展历程

第一阶段（1998—2001 年）：在发展的初级阶段，阿里巴巴抢占国内电子商贸网站的先机，通过调研企业市场需求，分类整合企业的注册信息，提供免费信息。阿里巴巴推出中国站“诚信通”会员计划，后期扩展为国际站“诚信通”会员计划，更好地服务国际卖家。截至 2001 年 6 月，阿里巴巴成为全球首个注册用户突破 100 万的 B2B 电子商贸网站，会员分布 202 个国家和地区，每天以 3 000 ~ 4 000 名新会员的增量扩大。

第二阶段（2002—2004 年）：阿里巴巴提供企业信用认证服务，开发中国互联网上的诚信认证方式——诚信通，着手解决电子商贸网站上的诚信问题。为发展海外市场，阿里巴巴网站推出交流工具软件“贸易通”，它可以使买方和卖方通过网络进行实时沟通交流。让全世界 220 个国家近 42 万家专业买家在线实时浏览出口企业信息。

第三阶段（2005—2007 年）：阿里巴巴提供多样化服务，中文网站推出关键字竞价服务、更新版阿里巴巴日文网站，成立网络广告平台——阿里妈妈。开展香港“中国供应商”服务，促进出口贸易，为全球的商人提供特色化交流空间和交易平台。

第四阶段（2008 年至今）：阿里巴巴进入快速发展阶段，逐年推出新服务并升级各项服务。2008 年 4 月中国交易市场推出“Winport 旺铺”服务，专门为中小企业提供企业建站服务。同年 5 月与软银在日本成立合资公司，经营阿里巴巴在日本市场的业务。

同年6月“诚信通个人会员”服务正式上线，帮助企业发展中国国内贸易。紧接着，同年11月国际交易市场推出新一代出口产品“出口通”。2009年3月在中国市场推出按效果付费关键词竞价系统“网销宝”，实现阿里妈妈与返还网成功合作。2010年建立1688网络批发大市场。阿里巴巴网站实现由粗放式发展阶段向精细化服务阶段的过渡。

阿里巴巴服务类型演变趋势如图10－1所示。

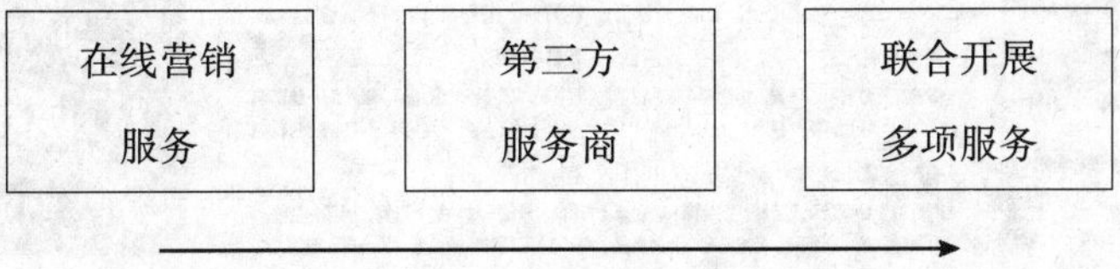

图10－1 阿里巴巴服务类型演变趋势

截至2012年第一季度，阿里巴巴网站注册用户达到7 979万人，来自240多个国家和地区，涉及27个垂直行业。

2. 阿里巴巴网站基本服务分析

阿里巴巴网站（见图10－2）以行业作为划分标准，将各类供销商分为16大类，包括橡塑、钢材、化工、纺织、包装、机械、电工、照明、服装、鞋包、3C、美妆、母婴、家居、食品以及百货等。如图10－3展示的为其中一类市场，即橡胶塑料和冶金钢材。

图10－2 阿里巴巴网站首页

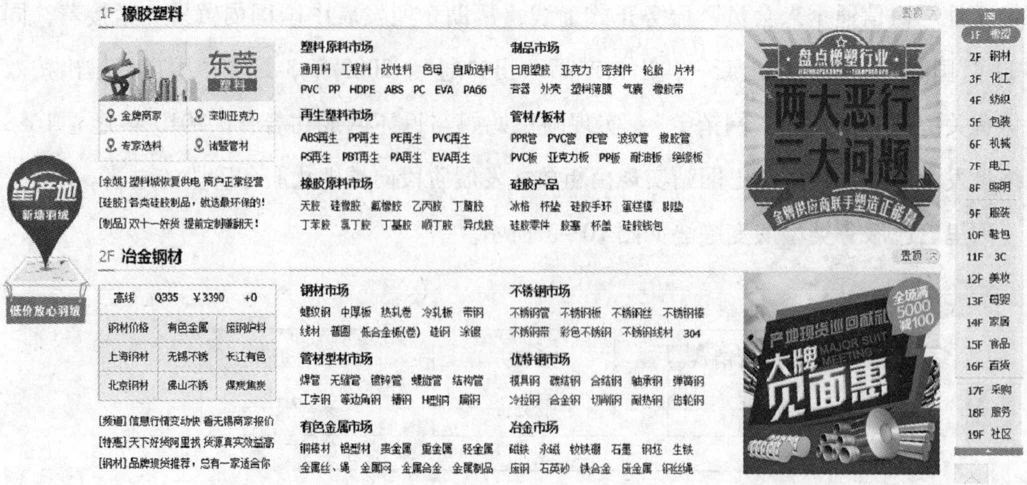

图 10－3　阿里巴巴网站市场分类——橡胶塑料与冶金钢材

除了相关的网站分类提供给供销商明晰、便捷的类目以外，阿里巴巴网站还提供相关的服务，包括采购必应、商务服务以及以商会友，如图 10－4 和图 10－5 所示。

图 10－4　阿里巴巴网站相关服务——采购必应和商务服务

图 10－5　阿里巴巴网站相关服务——以商会友

如果说采购必应、商务服务以及以商会友是阿里巴巴网站的普通服务选项，那么阿里旺旺、诚信通手机阿里、商机助理、阿里贷款以及阿里工具条是阿里巴巴网站专项工具，如图 10－6 至图 10－9 所示。

新手指南	采购商服务	供应商服务	阿里巴巴服务	交易安全
注册新用户	找公司	诚信通服务	淘宝大学	买家防骗
安装阿里旺旺	找产品	网销宝服务	阿里贷款	卖家防骗
帐号密码	阿里产品导航	应用市场	天下网商	交易纠纷
买家入门		物流服务	24小时在线帮助	投诉举报
卖家入门		1688 商学院		支付宝担保交易

图 10－6　阿里巴巴网站相关服务——常用工具

图 10－7　阿里巴巴网站相关服务——阿里旺旺

图 10－8　阿里巴巴网站相关服务——诚信通

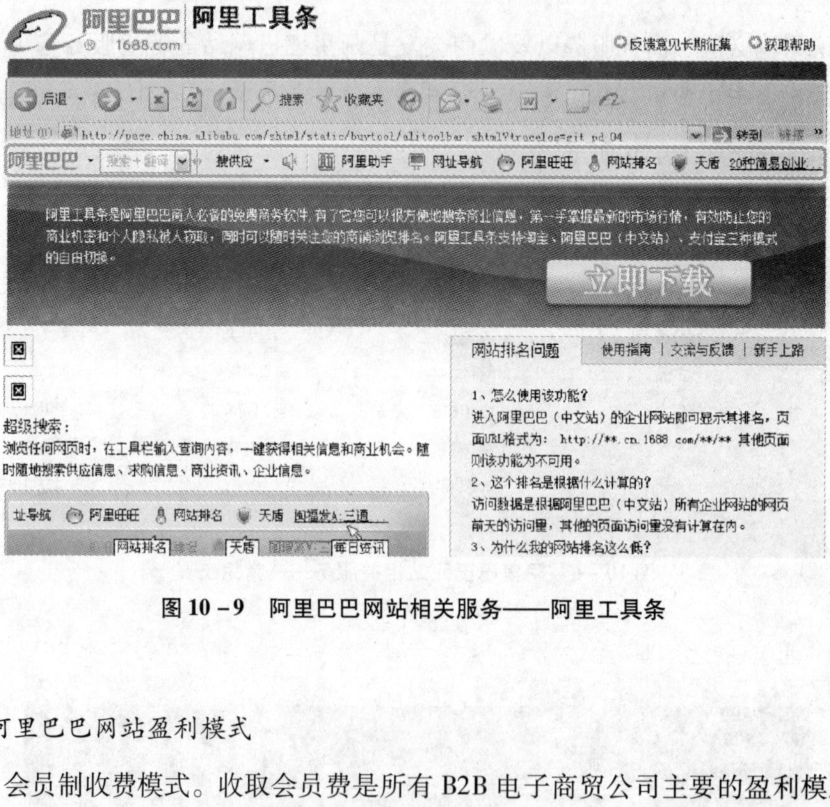

图 10－9　阿里巴巴网站相关服务——阿里工具条

3. 阿里巴巴网站盈利模式

（1）会员制收费模式。收取会员费是所有 B2B 电子商贸公司主要的盈利模式。阿里巴巴网站会员主要分为两种：中国供应商和诚信通会员。中国供应商服务主要针对出口型的企业，通过电子商贸进行采购的客商，推荐中国的出口供应商，获得国际订单。阿里巴巴网站能够让全球的商人会员在线浏览企业，平均会员费是 6 万 ~8 万元/年。诚信通主要为从事国内贸易的中小企业提供网上贸易服务，通过第三方评估使得会员获得采购方信任，企业会员费为 2 800 元/年，个人会员费为 2 300 元/年。

（2）网络广告收费模式。阿里巴巴网站的网络广告具有传播范围广、针对性强和价格低廉等优点，从而吸引大批广告主通过多媒体网络广告推广自身商业信息。但是由于阿里巴巴网站广告位较少、渠道有效，该类收入只占网站盈利的2%。

（3）关键词搜索及竞价推广。阿里巴巴是国内首个退出网络竞价排名模式的网站，竞价排名一般是为诚信通会员提供专享服务，竞价排名费用为800～3 000 元/月。后来，点击推广取代竞价排名推广，点击推广是按点击付费的搜索引擎服务，费用为0.1～10元/次。

（4）黄金展位。阿里巴巴为诚信通会员提供企业品牌展示平台。具备黄金展位的企业，可在指定关键词的搜索结果页面的右侧获得优先展示，其中黄金展位的费用为800～10 000 元/月，白金展位的费用为3 000～50 000 元/月。

（5）企业建站服务。阿里巴巴开通专门为中小企业提供的建站服务——旺铺，年服务费为980元。这是B2B电子商贸公司的有偿服务和未来盈利的新型渠道。

（6）资金服务。阿里巴巴与建设银行和工商银行推出“阿里贷款”，即网络联保贷款。由3家或3家以上企业组成一个联合体，共同向银行申请贷款，同时企业之间实现风险共担，利率在6%～12%。贷款期限是1年，按日计息，按月付息，每家企业可申请的贷款额度范围为20万～200万人民币。

4. 4P 营销策略分析

在十年的实践中，阿里巴巴以有效的营销策略创造了传统企业难以想象的增长速度和成功契机。4P理论是美国麦卡锡教授提出的包括产品（Product）、价格（Price）、渠道（Place）和促销（Promotion）的分析框架。

（1）产品策略。企业名称和网站域名“阿里巴巴”（Alibada）来源于神话故事，为人们所喜闻乐见，容易形成深刻的印象，从而增加网站的阅读量和点击率，产生很强的品牌效应。阿里巴巴最早起源于为企业提供信息服务，企业和商户可自由进入买家数据库查找信息，直接联络海外买家，并开发了完善的后台管理功能。除此之外，还设立了论坛，便于集中获取客户的反馈意见，也便于顾客相互交流；并且提供网上即时沟通工具，如贸易通、雅虎通和阿里旺旺，客户之间可以随时洽谈生意，迅速处理客户反馈；即时查看最新供求信息，享受网上高效管理的乐趣。

（2）价格策略。阿里巴巴的价格策略遵循了先培育用户，后收取会员费的思路。在成立之初，阿里巴巴为会员提供免费注册与免费获取信息的服务，迅速抢先占领市场；

等到客户数量达一定规模后才开始收取会员费。诚信通会员费为每年 2 800 元，中国供应商会员费每年 4 万～20 万元，其主要收入来源于诚信通和中国供应商会员费。

（3）渠道策略。阿里巴巴诞生于杭州，根植于浙江，辐射到长江三角洲、全国，乃至全世界范围，成为世界电子商贸的领跑者。这与浙江良好的生态环境为阿里巴巴的成长提供了肥沃的土壤分不开。高度市场化的经济、高比例的中小民营企业以及集约式、外向型的产业环境，非常适合电子商贸网站的发展。由内部因素来看，阿里巴巴在全球市场中，依据不同语言、文化和传统的市场推出了不同网站，如提供来自中国和其他制造业国家供应商的商品信息给全球的进口商的阿里巴巴国际站，面向国内市场的阿里巴巴中国站，针对日本设立的阿里巴巴日本站。多语种阿里巴巴网站的设立，成为其增强国际影响力的一大因素。诸如此类，阿里巴巴在不同地区、不同市场的经营行为，拓宽了产品和服务的销售渠道，对阿里巴巴的全球发展起到了强大的推动作用。

（4）促销策略。阿里巴巴准确地确定了营销的促销对象，即中小企业和个人创业者。中小企业是国民经济中的活跃因素，国内 99% 以上的企业都是中小企业。但由于其规模小，人才素质和经济实力无法与财大气粗的大型国有外贸公司竞争，再加上其自身经营行为不稳定，导致客户关系不稳定、生意伙伴零散、合作关系短期化。中国入世后广大中小企业获得了外贸经营权，它们急需通过电子商贸手段寻找商机，建立新的贸易关系。而阿里巴巴正好满足了广大中小企业的需求，帮助中小企业迅速将产品推向国际市场，使广大中小企业成了网商的主力军。《2007—2008 年我国中小企业 B2B 电子商务发展报告》数据显示，2007 年我国中小企业使用第三方电子商贸平台的有 1 174 万家，占中小企业的比例为 34%。2007 年我国 B2B 贸易总额为 24.5 万亿元，其中中小企业 B2B 贸易占总体贸易额比例达 57.8%。由此可见，阿里巴巴 B2B 的目标客户定位是十分准确的。创业者则是淘宝网 C2C 的目标客户，截至 2007 年底，已经有 20 万网民在淘宝网上创业，开设网店，利用互联网进行网络买卖。在广告方面，阿里巴巴成立之初，资金有限，选择了论坛促销，利用网络论坛发布站点链接，增加站点点击率，扩大阿里巴巴的知名度，在初期取得了很好的效果。随着阿里巴巴的发展，阿里巴巴充分利用网络进行广告宣传，其促销策略更是丰富多彩，如组织“西湖论剑”、与杭州电子科技大学组建电子商务系、与杭州师范大学组建阿里巴巴学院等。在并购雅虎中国之后，阿里巴巴利用雅虎搜索引擎，链接阿里巴巴、淘宝网以及阿里巴巴旗下的其他网站，迅速增加了网站的访问量，扩大了网站的知名度。

10.5 实验练习与思考

10.5.1 实验练习背景

某企业是一家饼干制造商，为了拓展与上下游企业的销售渠道和建立上下游企业合作关系，进行产品销售和推广，该企业决定利用 B2B 商贸平台来提升企业知名度，采用 B2C 商贸平台进行产品销售和推广。

10.5.2 实验练习要求

（1）比较不同的 B2B 电子商贸网站，选择适合的电子商贸网站平台进行业务推广；

（2）依据 B2C 电子商贸网站平台推广的基本流程，并针对实验背景情况，提出适当的推广方案。

参考文献

1. 胡矗明，叶生洪，周密等. 21 世纪的网络营销——理论与方法［M］. 广州：暨南大学出版社，2012.

2. 罗仲伟，任国良，焦豪等. 动态能力、技术范式转变与创新战略——基于腾讯微信“整合”与“迭代”微创新的纵向案例分析［J］. 管理世界，2014（8）.

3. 百度经验，http：//jingyan. baidu. com.

4. 百度文库，http：//wenku. baidu. com.